中学受験専門個別指導教室SS-1代表
小川大介

小川式「声かけ」メソッド

驚くほど国語力が伸びる！

学力が上がる！

宝島社

JN237145

驚くほど国語力が伸びる！

学力が上がる！

小川式「声かけ」メソッド

中学受験専門個別指導教室ＳＳ－１代表

小川大介

はじめに

親から子への「声かけ」を工夫すれば、子どもの国語力がぐんぐん伸びます！

親から子どもへの「声のかけかた」「問いかけの内容」をほんの少し工夫するだけで、国語ができるようになる。

さらには、算数、理科、社会、英語といった他教科を支える学力の「底力」がみるみる身につき、あらゆる科目で確実に点数が取れるようになる。

こんなことを言うと、「まさか⁉」「信じられない！」と思われるでしょうか。

でも、これは決して嘘ではありません。

自己紹介が遅れてしまいましたね。こんにちは。小川大介です。

私は塾講師として、大学在学中から現在まで、約3000人の子どもたちに、国語の指導をおこなってきました。いまは中学受験を専門とする個別指導教室「SS－1」の代表を務めています。開校以来、「子どもの学力を伸ばすためには家庭の力を高めることが最善の策だ」と考え、生徒一人ひとりだけでなく、ご家庭とも徹底的にかかわりを持ち続けることで成果を上げてきています。

「SS－1」の指導は、「発問応答メソッド」と呼ぶ独自のスタイルを持っており、学習中の「声かけ」によって子どもの力を引き出している点に特徴があります。講師が、子どもの表情やしぐさに気を配りつつ、適切な問いかけを、適切な順番で、適切なタイミングにおこなうことで子どもの思考力をアシストし、「わかった」から「できる！」へと、理解の階段をのぼってもらうのです。

そうして、数多くの生徒とその保護者のお手伝いを続けるうちに、家庭でのかかわりかたによって子どもの国語力に大きな差がつくということがわかってきました。

正しい勉強をおこない、周りが上手にかかわってあげれば、誰でも国語が得意になるということもわかってきました。

多くのお母さん、お父さんが、「国語力はすべての科目の基本となる力なのだから、大切だ」と考えているにもかかわらず、では、具体的にどうしたら子どもの国語力を伸ばしてあげられるのか、その方法がわからずに困っていることも知りました。

本書では、そのような悩みをお持ちの方々に向けて、SS－1の発問応答メソッドをベースにした、家庭で簡単に実践できる「声かけメソッド」を紹介しています。

学習中に限定せず、ごはんのとき、テレビを見ているときなど、日常生活の中での親子の会話――とくに親からの「声かけ」のしかたをほんの少し工夫することで、子どもの国語力の底上げを目指すのです。

おもに小学生（低学年から、高学年まで）とのコミュニケーションを対象とした内容になっていますが、子どもの力を伸ばすための親から子への働きかけがテーマですから、それを意識した就学前の幼児とのコミュニケーションにもぜひ参考にしていただきたいと思います。

言うまでもなく、子育てにおいて、「声かけ」「言葉かけ」を意識しておこなうことは、子どもの発育に非常に大きな影響を及ぼします。

でも、「それは気持ちの問題、親子の愛情の問題であって、どうして国語の成績につながるの？」と、不思議に思われるかもしれません。

「声かけ」は、コミュニケーションを豊かにする方法。

国語は文章を読んで、考えて、記述する科目。

一体、どこにつながりがあるのでしょう。


その答えは、「国語力」が、何を意味するのかを知ることで、見えてきます。

私が思うに、

「情報を発見する力」

「情報を整理する力」

「適切に表現する力」

この3つの力が合わさったものを、「国語力」と呼ぶのです。

日本語の基本的な読み書きができる状態を前提とすると、この3つの力が身についているかどうかで国語の得手不得手が分かれ、さらには他教科のテストの点数が左右されるのです。

国語の文章には「読みかた」というものがあります。読みかたとはつまり、文章中の押さえるべき情報を適切な手順で読み、発見し、整理することをいいます。

また、国語の問題には「解きかた」というものがあります。解きかたとはつまり、「設問が求めていることを正確にとらえ、本文のどこを読めばいいのかを考え、読み取った内容を整理し、設問の求めに合うように答えることをいいます。

さらに、「伝えかた」も大切です。答えは相手に伝わるよう、適切な表現でおこなわれる必要があります。

「読みかた」と「解きかた」そして「伝えかた」、これらすべてがそろってはじめて「国語力がある」という状態になります。その状態に至るまでに必要なのが、国語力の3つの力なのです。

国語力というものの中身について、詳しくは第1章以降の本編で見ていきたいと思いますが、ポイントは、**この3つの力が、人と話し、触れ合い、交流することによって高められていくという点です。外の刺激に出会うことで、国語力はどんどん鍛えられていきます。**机に向かって、文章を読んだり書いたりすることだけが、国語力を伸ばす方法ではないのです。

そして、子どもの能力を伸ばす外からの働きかけ、つまり「声かけ」を、毎日、無限にしてあげられるのが、ほかならぬお母さん、お父さんなのです。

本書で提唱する「声かけ」は、「発問」＝「親から子への問いかけ」を工夫することで国語力アップの効果をねらうものです。もちろん、やみくもに質問を投げかければいいというものではありません。単に「親子の会話を重ねればいい」というものでもありません。コミュニケーションのしかたには、コツがあるのです。

この本では、子どもの国語の成績を上げてやりたいとお考えのお母さん、お父さんのために、家庭でできるさまざまな方法を紹介していきます。どれも今日から実践できる簡単なものばかりですので、日常生活の中にうまく取り入れてください。

「国語力」というものについての私見を語った第1章、また、国語学習へのアドバイスをおこなっている第4章は、もしかすると、少し理屈っぽい内容になってしまったかもしれません。

「難しい理屈はいらない、すぐに使えるテクニックを知りたい」という場合は、普段の生活における「声かけ」のハウツーを解説した第2章や、「声かけ」をより効果的におこなうためのヒントを紹介した第3章あたりを先に読んでくださってもよいと思います。

ただ、第4章で紹介している国語の学習法などは、中学・高校の国語にもそのまま使える内容ですから、学年が上がったときにでも、また読み返していただければ幸いです。

ところで、「国語力」が生きるのは学校の勉強だけかというと、決してそれだけではありません。

他人の感情を読み取る力、自分の意見を言葉でしっかりと伝える表現力、膨大なデータの中から本当に必要な情報だけを選別する力、大きな枠組みの中で要点をすばやくつかむ力、相手に「また会いたい」と思わせるコミュニケーション能力……。

社会に出て求められるビジネススキルや人間的魅力は、先ほど挙げた「国語力」の3つの力が土台になっているのです。

つまり国語力は、学校の成績だけでなく、将来、子どもが大人になったときの幸福にもつながる、人間の本質的な力なのです。

この本が、子どもたちと、それを見守るお母さん、お父さんの笑顔を生み出す一助になれば幸いです。

それではさっそく、「声かけ」メソッドの学びをスタートしましょう。

驚くほど国語力が伸びる！ 学力が上がる！

小川式「声かけ」メソッド　もくじ

第1章 「国語力」って、なんですか？

「国語力は、すべての学力の基礎になる」と言われます。
「声かけ」で伸びる国語力って、具体的にはどういうもの？
国語力は、ほかの教科に必要な学力とどのようにつながっているの？
国語力を伸ばすということに、本当に意味はあるの？
「声かけ」をはじめる前に親が知っておきたい、これだけのこと。

すべての教科で必要とされる力が「国語力」

親から子への「声かけ」で国語力を伸ばすというのがこの本のテーマですが、その実践法にいく前に、「国語力」というものの中身についてお話ししておきたいと思います。

国語力は、算数、理科、社会、英語、すべての科目の基本となる力であるとよく言われます。しかし、それがどういうことなのか、いま一つイメージできない親御さんも少なくないようです。

よく耳にする説明としては、「どの科目も問題は日本語で書かれているのだから、日本語の力が基本になるんだ」というものがあります。う〜ん、確かにそうなのですが、それって「国語力」というほどのことでもないんじゃないかなあ。そう思いませんか?

私は「国語力が全教科の基礎となる」という言いかたが、親御さんを混乱させてしまうのだと思っています。

「国語力」という一つの固まりが全教科に影響しているというよりも、**「それぞれの教科で必要な力が総合されたものが国語」**なのです——このように言ったほうが、イメージに合う気がします。

例えば、社会や理科の知識が乏しい子は、知識が豊富な子に比べて読める文章の幅が狭くなります。これは大人も同じですね。知識と興味関心は相互関係にありますから、理科の知識がない人は、雑誌『ニュートン』や「ブルーバックス」シリーズを読んでもおもしろくないわけです。

お母さん、お父さんがご自身のことを振り返ってみても、そうではないですか？

自分の知識や興味がないジャンルの本を読んで、なかなか先に読み進められなかったり、数ページで眠くなってしまったりした経験は誰しもおありでしょう。逆に、自分の知識が豊富なジャンル（つまり、好きなジャンルや得意なジャンル）なら、深いところまで理解しながらスイスイと読み進められるはずです。

また、音楽や美術で必要な、自分の中でイメージする力、表現する力、作品から何かを感じ取ったり、読み取ったりする力は、国語でも求められる力ばかりです。それだけでなく、例えば教科書に載っている絵を単にぼんやりと見るだけの子と、その絵に加えられている解説を読んでもう一度その絵を見た子とでは、絵の中に込められた意味を読み取る力に差がついてきます。国語力が美的感性を強化するという側面もあるのです。音楽についても然りです。

算数でも、最初から式が立ててある計算問題をこなすばかりではありませんね。文章問題では与えられた条件を整理して、答えとして何が求められているのかをつかむ必要があります。これは、多くの子が苦手とするところでしょう。

このように、あらゆる教科で求められる力が寄せ集められた、総合的な力が「国語力」です。ということは、国語と各科目とは相互作用の関係にあるということが言えますね。

つまり、**他の教科ができるようになれば国語も伸びていきますし、国語ができるようになれば他の教科もできるようになる**のです。

「国語力が学力の基礎である」といわれるゆえんは、こういうところにあると思います。

子どもたちの「国語力」が壊されていく！

国語力とは何かがわかれば、単純にドリルをたくさんこなすとか、「作文をたくさん書かせればいい」「ひたすら要約の練習をさせればいい」といった単一的なやりかたで高められるものではないことも、おわかりいただけると思います。

最近の小学校では、国語の授業で作文を書かせることがひと昔前よりも多くおこなわれているようです。「知識の詰め込みよりも、自分で考える力を重視しよう」ということなのでしょう。

それはいいのですが、考える力の土台となる知識や表現するためのボキャブラリーがないものだから、非常に単純で短い文章しか書けない子どもがたくさんいます。

例えば「遠足で動物園に行ったときのことを作文に書きましょう」というテーマが与えられても、「みんなで動物園に行った。おもしろかった」で手が止まってしまう。「おもしろかった」の先に何を書いたらいいのかわからないのです。せいぜい「ライオンとゾウとキリンとペンギンを見た。おもしろかった」という程度で、書くことがなくて終わってしまうのですね。

そういう子に指導で接して話を聞いてみると、動物によって檻《おり》の大きさが違うとか、動き回る速さが違うとか、一方ではずっと寝ている動物がいたとか、飼育係のおじさんがどんなふうにエサをあげていたとか、そういうことへの気づきがないのです。

気づきのなさは、知識のなさです。動物について、また、動物園についての知識がないまま見に行っているから、違いに気づけないのです。気づけないから、何かを感じ取ることもないまま帰ってくることになる。その状態で、「さあ、見てきたこと、感じたことを自由に作文しましょう」と言われても、「書きたいこと」は何もありません。

しかも困ったことに、「ゆとり教育」により先生の指導も「子どもの自主性を重んじる」という方針になっているためか、添削指導が充分になされていません。書きかたのちょっとしたコツを教えるわけでもありませんし、ヒントを与えたり、ほめたりして、子どもががんばって書き上げるところまで応援するわけでもなく、自由に書かせて、時間が来たら終わりという授業になっています。

また、「語彙《ごい》力を高めるため」といって、言葉や漢字のドリルを延々とさせているケースもあります。**「使える語彙」というのは、その語句が表している意味が場面イメージとして立ち上がる、自分の経験や気分として思い起こせる、そういうものです。**自分の中の感覚と、その単語の持つ意味が一致したものだけが使える語彙になるのです。

それを無視して、英語の単語帳を機械的に覚えるかのようにドリルで丸暗記した言葉は、子どもの体と心の中に定着することはありません。イメージがわいてきません。

イメージが伴わない言葉は、使おうとしても使えません。いくらたくさん難しい言葉を覚えても、使えなければ表現力につながらないのです。

作文にしても語彙力の強化にしても、子どもに取り組ませるならば、指導者は子ども一人ひとりの心の動きに関心を持ち、その子の言葉の地図（word map）がどれくらい広いのかを汲《く》み取っていく姿勢を持たねばなりません。

目の前に座る子そのものを真摯《しんし》に見つめる目も、導く先の展望も持たない上っ面《うわっつら》の国語指導ならば、むしろ、しないほうがいいかもしれません。子どもの国語嫌いや苦手意識を助長してしまうだけのような気がします。

ＳＳ－１に助けを求めていらっしゃる保護者の方々のご相談に乗っていると、正直に言って、「小学校の教育力が衰えたために子どもの国語力が壊されている」と思えてならないのです。

「国語力」イコール「読解力」？

よく「国語力」というと「読解力」という言葉が出てきますが、この言葉がまた、何を指しているのかはっきりしないものですよね。

私自身は、「読解力」というものを、３つの力に分解して理解しています。

まずは、**①与えられた文章の中で重要度の高い部分を見きわめられる力。**

次に、**②段落同士の関係を整理できる力。**

さらに、**③言葉としては文中に与えられていないけれども、その裏に当然込められている意味を汲み取る力。**

これらが全部そろうと、「読解力がある」ということになるのだと思います。

読解力のポイント１　与えられた文章の中で重要度の高い部分を見きわめられる力

「うちの子は、文章が読めていないわけじゃないのに、なぜか国語ができないんです」と言って、学習カウンセリングを受けに来校なさる親御さんは数多くいらっしゃいます。様子を見てみると、確かに、お子さんは言葉の意味もわかるし、問題文に何が書かれているかもわかっている。

ただ、最初から最後まですごく真面目に読んでしまっているのですね。「真面目に読む」というと悪いことではないように思われるかもしれませんが、実はこれが危険なのです。なぜなら、内容の優先順位づけをすることなく、文章中に書かれているすべてのことを均等にとらえてしまうからです。

ですから、「この文章には、何のことが書いてあったの？」と問いかけると、書いてあることを最初からそのまま読み上げていくような形でしか説明できません。

そういう子は、文章が読めているように見えるけれど、実は読解力がないのです。

読解力のポイント２　段落同士の関係を整理できる力

また、文章の出だしは内容もつかめ、すいすいと読んでいけるのに、途中からとたんに「わからない」と言い出す子がいます。段落が変わったところで、急に話までも変わってしまったように受け止めてしまうことが原因です。評論などの「説明的文章」と呼ばれる文章を苦手にしている子によく見られる現象です。

説明的文章における段落には、**「詳しく説明する段落」「具体例を挙げて説明する段落」「反対の意見を紹介する段落」「理由を説明する段落」「まとめる段落」**などがあるのですが、それをつかむことができないのです。

こういう子は、小学校の低学年までは国語で困ることはむしろ少なく、どちらかというと得意だったことが多いようです。段落の関係は読めないにしても、一つの内容を読み取ることはできるので、低学年向けの文章だと充分に読み取ることができるのです。

段落同士の関係をつかみ取れない子は、物語の好みにも一定の傾向が見られます。流れのままに読んでいける冒険小説などを好む一方で、現在と過去を行き来するようなお話、現実と空想が入り混じったお話は「おもしろくない」と言います。

好みが合わないのではなく、話のつながり（関係）を追っていけないため、「わからない」のですね。

関係をとらえる力が備わっていないために読解力が不足している。その表れとして、話の好き嫌いが出てくるというのはよくあることです。

読解力のポイント3 言葉としては文中に与えられていないけれども、その裏に当然込められている意味を汲み取る力

さらに、「文章に書かれていないことを答えさせられるから、国語は嫌い」という子もいます。例えば、物語の中で母が子に対して言った「そうなるといいね……」という言葉を読んで、「〝そう〟はならないのだろうなと、母は予想しているんだな」というようなことが読み取れないのです。

文章を読み進めるのが楽しいのは、次にどんな展開が待っているのか期待しながら読むからです。まだ書かれていないことを予想して、予想どおりの展開になれば「ああ、やっぱり」といった安心感にも似た満足を得、予想を裏切られれば「そう来るか！」と、意外な展開に興味をかき立てられるのです。

ところが、「彼は今日も待っていた」という文を読んで、「これまでも〝彼〟は何か（誰か）を待っていたんだな」「きっと〝彼〟にとって大切なことがら（人）なんだろうな」「〝彼〟には何か事情があるんだろう」といったことが考えられない子は、ただ「彼が待っている」という状況だけしか読み取れないわけです。

これでは文章を読んでも楽しいはずがありませんし、文章に込められた内容の半分も伝わってきません。表面的に書かれている言葉の裏にある意味を読み取る力がないと、読解

が不充分になるのですね。

以上のような読解力のなさが見られる場合は、やみくもに本を読ませても状況は改善しません。重要なことが書いてある部分を探すコツや、その文章には書かれていない裏の意味を汲み取るための視点など、読みかたのテクニックを教えて、メリハリをつけた読みかたができるようにしてあげる必要があります。

子どもの読解力を育てていくには、本人まかせにしていてはいけません。学校なり家庭なり、周囲の適切なかかわりが必要不可欠です。なお、具体的な読みかたのテクニックについては第4章で説明していますので、参考にしてみてください。

もちろん、「国語力」という意味では、文章を読み取れるだけでは不充分です。

ペーパーテストの記述問題を考えてみればわかりやすいですね。記述問題に答えるためには、読み取り、理解した内容を、設問に応じた答えに組み立て直して、解答欄に適切にアウトプット（表現）しなくてはいけません。読解力だけでなく、整理する力、さらには表現力が必要になってきます。これらは作文を書くときの力にも直結します。

日常生活においても同じことです。人と会話するときには、相手が話している内容を理解して、自分自身の気持ちや考えを整理し、適切に伝えることが必要です。

国語力とは、単に「読解力」や「作文力」などの一面的な力を指すものではありません。国語力を構成する3つの力、「情報を発見する力」「情報を整理する力」「適切に表現する力」——これらが充分に養われてはじめて、読解ができ、よい作文が書けるようになるのです。

「国語力」の強化に必要な4つの要素

国語力を構成する3つの力、**「情報を発見する力」「情報を整理する力」「適切に表現する力」が、学力の根底にある**ということはすでに述べました。では、これらの力はどうしたら伸ばすことができるのでしょうか?

私は、「国語力」さらには「学力」のコア(核)になるこの3つの力を養うためには、次の要素が必要不可欠だと考えています。

①「人間社会に関する知識」
②「二元思考(対比的にものごとを見る視点)」
③「書いてあることを映像化する力」

④「ボキャブラリー（語彙・言葉数）」

まず、**①「人間社会に関する知識」**から説明していきましょう。

この章の冒頭で、知識の有無が文章理解に影響を与えることについて触れました。幅広く知識があればあるほど読める文章も増えていきますし、理解も深まります。そして、人が考えることは結局のところ、人間に関することに帰着します。自然について考えるにも、時間の概念を考えるにも、すべては人間としての自分自身から発せられた関心です。

ですから、「人間」というものについての理解が、国語の根幹として求められるのです。そんな人間の社会、つまり「世の中」のことを知らないと、文章を読んだってわからないのです。

世の中はどういった人たちによって成り立っているのか。一番身近な家庭という単位があって、ご近所の町内会や、もう少し広い地域社会という単位があって、企業があって、政府があって、外国の国々があって……。そういった世の中の構造や、それぞれの単位においての人々の活動、人間模様や関係性というものを知っていくことが文章理解の入り口になります。そして、文章を読むことで知らなかった知識が補われ、またさらに世の中のことが見えてくる。このサイクルを生み出すために、まずは入り口の知識が必要なのです。

東京都で義務教育初となる、民間人からの校長先生として活躍をされた藤原和博先生は、杉並区立和田中学校において「よのなか科」という授業を創設なさいました。この授業は、まさに「人間社会に関する知識」を得ることを目的としたものだったと思います。

文章の裏にある「もう一つの意味」

次に、② **「二元思考」** について。これは2つのことがらを比べて考えることでそれぞれの特徴をはっきりとつかむ方法です。**「対比的にものごとを見る視点」** と言い換えることもできます。

「日本はどうですか?」という文があったときに、普通は「あ、この人は外国にいるんだな」ということが読み取れますね。これは「日本」と「それ以外の国」があるという二元思考によって導き出されることです。でも、現に、これがわからない子もいるのです。

説明文なら、対比を使うことによって筆者の主張がどのような独自性を持っているのかがわかります。

例えば、「世間では○○と考えることが多いようだ」という表現を読めば、「筆者は○○とは考えていないんだな」ということがわかりますね。「世間では」という表現の裏に、筆者独自の意見を述べようとしている意図が見えるからです。

また、物語文や詩などでは、対比を使うことによって場面ごとの状況の違いがわかります。

高浜虚子が詠んだ、「遠山に日の当たりたる枯野かな」という有名な句があります。さりげない句に見えますが、「遠くの山が日の光に照らされている」様子と、「目の前に広がる野原の草花が枯れてしまっている」様子との対比であることを意識すると、描かれている風景がくっきりと浮かび上がってくるのではないでしょうか。

さらには、草花が枯れている様子は「冬」を連想させることから、それに比べて、日が当たっている遠くの山には暖かな「春」のイメージが宿っていることも読み取れるわけです。

文章を読み取るときだけでなく、実際に国語の問題を解いていくうえでも、この「対比的にものごとを見る力」が必要です。

先に述べたように、対比させることによって、文章中には書かれていない裏の意味を発見することもできます。「今日はよく晴れたなあ」という文を見たとき、「今日」と「昨日まで」とが対比されていることに意識を向ければ、「昨日までは、天候がすっきりしない日が続いていた」という裏の内容を読み取ることができます。これは、私たちが無意識のうちにおこなっていることですよね。

こういった二元思考が充分に身についていないと、日常生活においてもいろいろと困ったことが起こります。

例えば、新入社員に対して「棚にあるあの本をコピーして、コピーは机の上に置いておいて」という指示をしたとしましょう。

この指示の中には、もちろん「〝コピーは〟机の上に置きなさい（それに対して、〝もとの本は〟元通りに棚に戻しなさい）」ということまで含まれています。しかし、その新入社員が二元思考の育っていない人だとすると、言外の意味を汲み取ることができません。「もとの本については何も言われていないから」と、コピーしたものと一緒に机の上に置くかもしれないし、コピー機のあたりに放置してしまうかもしれません。

「机の上に置きなさいと言ったのは、コピーだけでしょう。もとの本は本棚に戻しておかなきゃだめじゃない」などと注意すると、「ちゃんと言ってくれないと、わからないです」と言い返してくるかもしれませんね。

冗談のようですが、二元思考が育まれていない人は、本当にこんなトラブルを起こしてしまうのです。

国語の文章理解に必要な「映像化」の力

また、文章を理解するには、そこに書いてあることを具体的なイメージとしてとらえる必要があります。文字から具体的な場面を呼び起こす力、これが、③**「書いてあることを映像化する力」**です。

文章を読んで「よくわかる」というのは、どんなときでしょうか。最近読んだ文章で、「よくわかった」ものを思い出してみてください。その文章に書いてあることが、頭の中で「映像化」でき、わかる実感が得られていたのではありませんか？

映像化というと難しそうに聞こえるかもしれませんが、**「文章に書かれている場面を、頭の中で思い描くことができる」**ということです。

これは、物語文に限ったことではありません。

いわゆる説明文や論説文といわれる文章は、子どもが「嫌い」「苦手」と敬遠しがちですが、そういう子のほぼ全員が、書いてある内容を映像として自分の頭の中に思い描くことができていないのです。

例えば、自然の森林が、人間の生活のためにどんどん切り払われて裸山のようになってしまった。そこに大雨が降ると、木々がすっかりなくなった山は痩せて保水力が落ちているので、一気に土砂崩れが起きて、被害が大きくなる。……というような内容の説明文があったとしましょう。

「わからない」という子は、その映像が頭の中にまったく浮かんでこないのですね。

人間によって木が切り倒されて、すっかり茶色い山肌があらわになっているはげ山。そこに大雨が降り、土と混ざって泥んこのようになり、地盤が一気に崩れていく映像がイメージとして浮かばないと、書かれている状況を把握することはできません。

文章が読めない子は、文字が単に「形」や「音」として頭の中を素通りしているだけの状態なのです。

この映像化の力は、子どもがものごとを理解するのに非常に大きな役割を果たします。この力を養うには、子どもが小さい頃ならば絵本の読み聞かせが効果的です。また、のちの章で詳しく紹介しますが、図鑑を活用することも非常にいい方法です。

もちろん、世の中のいろいろなことに積極的に触れて、見て、聞いて、経験を豊かにすることも大切です。自分の中に、イメージのストックをできるだけたくさん持つようにする。それが映像化の力となるのです。

「使える言葉」が豊富な子は思考力が育つ

そしてもう一つ重要となるのが、④**「ボキャブラリー（語彙・言葉数）」**です。

何かを考えるためには、まず、その何かに〝引っかかり〟を感じる必要があります。そして、すでにある知識をもとに、他の知識を取り入れることで新しいことを発見したり、違いに気づいたりする。これがいわゆる思考力、考える力というものです。

知っている言葉の数が豊富な子は、そのぶん、世の中に存在するできごとやものごとの微差に気づくことができるのです。その微妙な違いに気づけるということは、考えるきっかけをより多く持つことができるということにほかなりません。これが国語力の「情報を発見する力」につながるのです。

逆に言えば、**ボキャブラリーの乏しさは考える力のブレーキになってしまいます。**

自分の不満をすべて「むかつく」「うざい」のひと言で終わらせてしまう若い人などは、そこから先へは思考力や想像力が及んでいきません。

「どうして自分は不快に思ったのか？」「相手のどういう部分が気に入らなかったのか？」「このあいだも腹が立ったことがあったけど、そのときとは何が違うのか？」さらに、「本当に自分だけが正しいのか？」……「むかつく」「うざい」だけでは、できごとや相手との関係を整理してとらえるための〝引っかかり〟が生まれません。そして、考えること自体を放棄してしまうようになりかねないのです。

当然、知っている言葉数が多ければ多いほど、「適切に表現する力」もアップします。表現するという意味で、ここでいう語彙とは、単語帳を丸暗記することで身につける力ではなく、その言葉が意味する場面や肌感覚といったものを一緒に兼ね備えた「使える言葉」のことを指します。使える知識でない限りは価値がないのです。

さらに、使える言葉の数を増やすことに加えて、「言葉を使いこなしたい」という気持ちを持つこと。表現力の向上にはこの気持ちも大切です。

書店の学習参考書のコーナーに置いてある『10才までに覚えておきたいちょっと難しい1000のことば』（アーバン出版局刊）や、『言葉力1200』（学習研究社刊）などといった言葉本が、小学校低学年向けの副教材として最近はとくに人気があります。子どものボキャブラリーに不安を覚える保護者の方が増えている表れなのでしょう。

ただ、これらを上手に使えている家庭は少ないように思います。ほとんどの方が、毎日決まった量をお子さんにこなさせ、単語を「暗記」させようとしているのですが、それでは単に義務的な学習になってしまいます。先ほども述べたように、単語の暗記では、場面イメージが立ち上がってきません。つまり、「使える語彙」にはならないのです。

こういった教材は、お母さんやお父さんがひと工夫してあげることで、ぐんと効果的に活用することができます。それは、ドリルのように解かせるのではなく、そこに載っている例文を、次のように少し広げて話してあげる方法です。

例えば、「党首トウロンがおこなわれた」という例文があったとします。この一文で覚えたいのは、トウロン＝「討論」という言葉。すぐ横には「意見を戦わせること」という意味も載っていますが、字面だけでそれを覚えても自分の知識として定着はしません。

そこで親御さんには、このように「声かけ」をしてあげてほしいのです。

「ほら、この前テレビで見たよね。おじさんたちが、いまの日本の政治について言い合っていたでしょう。〇〇さんが××さんにいろいろ言われて、言い返していたよね。あれが『討論』よ」

このような話をしてあげることで、子どもの頭の中で「討論」という言葉が、誰かと誰かが一つの話題について意見を言い合って、ときにはケンカのように激しいやりとりになっている映像と一致します。

そこではじめて「討論」という言葉のイメージがストンと腑《ふ》に落ちて、自分でも使いこなせるようになるのですね。

言葉そのものだけを覚えさせようとするのではなく、その言葉を含んだ一文を示してあげて、そこから立ち上がってくる場面イメージも必ずセットにして覚えさせてあげることが大事なのです。

繰り返しますが、「この問題集をやりなさい」と、ただ子どもを机に向かわせて言葉を丸暗記させるという方法では、本当の語彙力や表現力にはつながりません。

お母さんが、お父さんが、学生だった頃の英単語の勉強を思い出してみてください。ゴー（go）とか、スピーク（speak）とか、ブック（book）とか、その意味がすぐに場面イメージとして映像化できる単語は楽に覚えて使えるようになるのですが、大学受験用に暗記で覚える難解英単語などはなかなか覚えられないし、頭の中に定着しないので、ものにならない……。そんな経験をお持ちではありませんか？　子どものボキャブラリーも、それとまったく同じことです。

ご自身の経験も顧《かえり》みながら、ぜひ上手に学習させてあげてください。

他の教科で必要とされる「国語力」とは？

さて、ここまで国語力というものの中身について説明してきましたが、一見、国語とは対極にあるように思える科目も、国語力と密接なかかわりがあります。

算数

算数とは、日常生活の具体的なできごとを数式や図に置き換えていく科目だといえますね。

例えば、「5つあったりんごを2つ食べたので、残りは3つになった」というできごとを、5－2＝3という数式に表して考えるのが算数です。「具体的なできごと」の中から、中心となる要素を見つけて整理していく力、その「できごと」の骨格となる情報を見つけ出す力が必要なのです。

また文章題では、その問題で何を問われているのかをつかめなければ、足し算、引き算、かけ算、割り算の計算が正確にできても点数に結びつきませんね。小学校高学年になってくると、文章題もかなり複雑な内容となります。

［問題］
1辺が36cmの正方形ABCDの辺AB、DCの真ん中の点を、それぞれE、Fとします。点Pは点Aを出発して、毎秒1cmの速さで辺AD上を往復し続けます。同じように点Qは点Fを出発して、毎秒2cmの速さで直線FE上を何度も往復します。さらに点Rは点Bを出発して、毎秒3cmの速さで辺BC上を往復し続けます。いま、3点P、Q、Rが同時に出発したとして、次の問いに答えなさい。

（問1） 3点P、Q、Rがはじめて一直線上に並ぶのは、出発してから何秒後ですか。
（問2） はじめて3点P、Q、Rが一直線上に並びながら動くのは、出発してから何秒後から何秒後の間ですか。

中学入試問題を例にとると、例えば上のような問題が出題されています。

「何が何だかさっぱりわからない」という子どもたちの、そしてお母さん、お父さんの感想が聞こえてきそうです。

このような問題を解くためには、まず最初に、頭の中で「映像化」させる作業が必要です。正方形があって、**それぞれの点が移動している様子をくっきりと思い描けるかどうかが、成否を分けるポイントですね。**裸山になると保水力が下がるという内容の説明的文章を読んで、地盤が崩れる映像を思い描ける力と同じ力です。

中学生や高校生になってからの数学では、さらに「論理を整理する力」や「条件を整理する力」などをフル回転させながら問題を解いていきます。最もわかりやすいところでは、「証明問題」ですね。

例えば、「与えられた三角形が正三角形であることを証明する問題」の場合、まず「正三角形」とは「すべての辺の長さが等しい三角形であること」と「3つの角度が等しい（すべて60度）ということ」という前提を確認するところからスタートします。

では、正三角形であることを証明するとはどうすることなのかといえば、逆の説明をすればいいだけです。「すべての辺の長さが等しい三角形であること、3つの角度が等しい（すべて60度）ということ」がわかれば、「正三角形」だといえる。――という順番で説明しているだけなのです。

これは、

『私たち人間は自然の恵みによって生きています』ですから、『自然が荒廃してしまえば、私たち人間も生きてはいけないのです』

という文と、形のうえでは同じことです。逆の説明をしているだけですよね。

理科

また、理科も国語とのつながりが深い科目です。

理科というのは、自然現象を対象に法則を見つけていく学問です。ですから、自然現象について**観察する力**、違いや変化を発見して**その理由を考える力**（実験やグラフの読み取り問題などで、とくに必要になりますね）、**設問の条件を整理する力**など、総合的な力が求められます。もちろん、映像化の力も必要であり、まさに国語力を大いに発揮する科目です。

英語

英語については、言うまでもないでしょう。英語と日本語という言語の違いがあるだけで、「情報を発見する力」「情報を整理する力」「適切に表現する力」のすべてが必要です。

そして、**言語体系が異なっているからこそ、映像化の力がとても重要になります。**言語は異なっても、映像は共通です。富士山の山頂部の形、なだらかな稜線などは、日本人が見ても、ロシア人が見ても、イギリス人が見ても同じ映像としてとらえられます（その映像からどんな意味を読み取るのかは、文化の違いが影響しますので別問題です）。

ですから、「look」と「see」を「見る」とだけ覚えてしまって使い分けで戸惑う前に、最初から「look」している人の様子と、「see」している人の様子とを映像として確認しておく必要があるのです。

国語力を高める生活習慣、学習習慣を持っている子どもは、英語の学習についても応用が利きやすいと言えるでしょう。

社会

最後に、社会についても触れておきましょう。

社会の学習を充実させていく秘訣について、私は、**ストーリーを紡ぎ出す**ことだと考えています。

「645年、大化の改新」と覚えるだけでも勉強になるのでしょうが、機械的な暗記は消えていくのもあっという間です。何より、ただむやみに暗記するだけの学習に、お子さんが意義を感じるはずがありません。いろいろと頭をひねる実感のある、算数や理科などの科目を価値が高いと思い、一方で社会は「覚えるだけの科目」で価値の低いものと思い込ませてしまうのが関の山です。

しかしながら、国語は人間社会への理解を深めていく科目ですから、社会がおろそかでは本当に困ったことになります。なにせ「社会」というぐらいですから、人間社会を理解するうえで最も役立つ科目は「社会科」なのです。国語との相性が非常によいわけです。ですから、国語力を発揮して社会の学習も活性化させておきたいものです。

そこで「ストーリーを紡ぎ出していく」わけですが、具体的には何をすればいいのかというと、実はこれも「映像化」するのです。実際にやってみましょう。

では、「大化の改新」を映像化してみてください。


なぜ、中臣鎌足は蘇我氏を滅ぼしたかったんでしょう？　何のために？

どんな服を着ていますか？

中大兄皇子《なかのおおえのおうじ》や中臣鎌足《なかとみのかまたり》、蘇我入鹿《そがのいるか》は出てきましたか？

どんな映像が見えますか？


いかがですか？　イメージは浮かんできましたか？

「そんなこと、もうすっかり忘れたわよ！」という方は、インターネットなどでちょこっと調べて、図版などを参考にイメージを立ち上げてみてください。

蘇我氏を頂点として、豪族たちが思い思いに地方を牛耳《ぎゅうじ》っていた時代から、天皇中心の社会へ変わっていこうとする映像を思い浮かべてみるのです。

「645年、大化の改新」に、色と動きが加わってきたでしょう？

そうすると、

「それまではどうなっていたんだろう？　聖徳太子はもっと前だっけ？　あれ、推古《すいこ》天皇っていたよなあ」とか、「大化の改新のあとってどうなったんだっけ？　確か、710年に平城京へ遷都したんだよなあ。その前は、どこに都があったんだっけ……？」

というように、具体的な関心がわいてきませんか？

もちろん、人それぞれに好みはあるでしょうが、単に「大化の改新」という文字を見ているだけと違って、映像化すると人間の頭は、頭の中の映像を動かしたくなるものです。前後の展開が気になりだすものです。つまり、ストーリーを紡ぎ出すのです。

そして、ストーリーを構成する力こそが、読解力であり表現力であることは言うまでもありません。

ちなみに、なぜ大化の改新を例にとったのかというと、実は、これが私にとって非常に映像化しやすい史実なのです。

私の生まれは、大阪府南河内《みなみかわち》郡太子《たいし》町というところなのですが、この町は聖徳太子ゆかりの町とされていて、奈良時代の遺跡がたくさん出土しています。大阪府の東南にあり、ひと山越えたら奈良県という場所です。その山は「二上山《にじょうざん》」といって、子どもの頃は父とよく登山した思い出の山なんですね。

その二上山の山頂付近に、陵墓《りょうぼ》があるのです。その墓を私はずっと「中大兄皇子の墓だ」

と思い込んでいて、歴史の時間に大化の改新が出てくると、非常に身近なできごとに感じていたわけです（実際には大津皇子《おおつのみこ》の墓です）。

結局は勘違いだったのですが、身近に感じたおかげで奈良時代については映像化することが簡単にでき、歴史の勉強が楽だった記憶があります。

……と、脱線してしまいましたが、とにかく社会の学習には、ストーリーを紡ぎ出すことがポイントだということは知っておいてください。

授業で先生の話が理解できない子

「うちの子は授業で、先生の話をよく理解できていないみたいなんです」

国語に限らず、こうおっしゃる親御さんは多くいらっしゃいます。「できない子」の大半は、授業で先生が話したことの内容を理解できずに帰ってくるようです（もちろん、本当に聞く耳を持たないだけの子もいるでしょうが……）。

これは、その先生のしゃべっている言葉のうち、とくにどの言葉を聞けばいいかがわからないことが大きな要因です。大事なことはどこか、聞き取るべきポイントがわからなくて、先生が生徒の興味をひこうと思って話した余談の部分しか意識に残らなかったりするのですね。

　例えば、先生がこんな話をしたとします。

「人類というのは、長い歴史の中で何度も何度も戦争を繰り返してきた。そこにはやっぱり、何かを支配したい、自分がいい思いをするために相手に言うことをきかせたいというような人間の欲求があるんだよな。それがあるから、争いながらも進歩してきたんだけれども、だからこそ、この殺し合いさえもしてしまうというのは本当に人間らしいところでもあるし、一番悲しいところでもあるよなあ。まあ、先生も子どもの頃には、悪いことだとは思いつつも弟のおやつを取り上げて食べちゃったりもしたな。そういうところに、人間の本質があるのかもしれない」

　ここでは、「人間には支配欲がある。その支配欲は進歩にもつながる一方で、争いや殺し合いも生む。それでも人間の支配欲はなくならない。そこに人間の本質がある」というようなことが理解できればいいのですが、授業がうまく聞けていない子は、最初「戦争」という言葉が出てきたところで、「戦争の話だ！」と思ってしまうわけです。そして、「戦争の話」と思い込んだまま話を聞こうとするために、途中の「進歩してきた」というところで、何の話かよくわからなくなってしまうのですね。そのとたん、これまで聞いてきた内容全体が頭の中でぼやけてしまい、何を聞けばいいのかわからなくなってしまう。そして、わかりやすい「先生も子どもの頃には」のところでぴくっと反応して、おやつのエピソードだけが頭に残る……というようなことが起こります。

こんなことにならないためには、情報をまず**「観察」**して核となるポイントを**「発見」**し、かつ、発見したものを他の部分と**「比較」**しながら**「整理」**する力を持つようにしたいですね。

いまの例で見れば、授業をうまく聞けている子の頭の中では次のようなことが起こっています。

先生が「人類というのは、」と話しはじめた時点で――

「あ、これから人類についての話をするんだな」ということを意識する。そして、「人類について、何を説明するのかな?」と思いながら、続きの話を聞いていきます。

これは、「どんな変化が起きるのだろう?」と思いながら、草花の成長を見守る様子に似ています。つまり、話の内容を「観察」していくわけです。

続けて「……戦争を繰り返してきた。……やっぱり……人間の欲求があるんだ」という部分を聞いて――

「『戦争』と『人間の欲求』とは関係があるんだな。いま、先生が話をしたいのは、戦争のことじゃなくて、『人間の欲求』のほうみたいだ」と、ポイントを「発見」します。ポイントをつかんだことで、その後の「進歩してきた」とも頭の中で話がつながっていきます。

すると、「先生も子どもの頃には……」と話がはじまったときには、「いままでの話と何の関係があるんだろう?」という気持ちがわいてきます。「関係」が気になれば、自然と、「いままでの話」とこれから先生がおこなう話とを比べるようにして聞くことになります。「比較」する視点が入ってくるわけです。

人間の欲求が戦争を引き起こしもするし、進歩させてもきた

弟のおやつを取り上げて食べちゃった

そして、「あっ、先生は、人間の欲求の例を話しているんだ!」という気づきに至ります。こうして、一連の話が何を伝えようとしているのか、お互いの関係が見えてくるので、「人間には支配欲がある。その支配欲は進歩にもつながる一方で、争いや殺し合いも生む。それでも人間の支配欲がなくならない。そこに人間の本質がある」という「整理」ができる

ようになります。

聞いた話を、観察→発見→比較→整理の流れで自分のものにできているかどうか。授業の聞き方が上手かそうでないかを分けるのは、こういうところにあるのですね。

「国語力」がコミュニケーションの土台になる

では、「国語力」とは、学校や塾の勉強にしか役立たない力なのでしょうか?

よく見ていると、国語の成績がいい子はだいたい「おしゃべり」が上手です。

国語の成績があまりよくない子のおしゃべりと比べ、質が違うのです。国語のできる子のおしゃべりは、相手の言ったことに対して「そうそう、それがね……」「それはこういうことじゃない?」「確かに○○かもしれないけど、僕はこう思うな。だって、……」というように、ちゃんとキャッチボールが成立している。そして、そこから会話の内容がどんどん広がっていきます。

会話の中から、相手の言いたいことがわかる

＝「情報を発見する力」

相手の言いたいことと自分の思いを対比させて、違いや共通点を見つける
＝「情報を整理する力」
整理した自分の考えを、相手にわかりやすく話して伝える
＝「適切に表現する力」

文章読解だけでなく、相手との生きた会話の中でも、国語力の3つの力は発揮されなければならないのです。

一方で、これらの力が身についていない子の場合、とりとめのない細切《こまぎ》れの発言を繰り返すだけで、流れやつながりのないおしゃべりになってしまうことが多いようです。これでは、会話をしていないに等しいですね。

ときどき喫茶店などで、隣のテーブルの人たちの会話が聞こえてくるときがあります。大人でも、自分の言いたいことだけを一方的にしゃべるだけで会話のキャッチボールを成立させられない人がいますが、そういうコミュニケーションのしかたでは人間関係もいい方向に広がっていきません。ただ単に「おしゃべりなこと」と、「おしゃべりが上手なこと」は違いますからね。

話す力があって、相手の話を聞く力があって、それを解釈する力があって、それを伝え

る力がある人は、何をやっても比較的「できる」ことが多いのです。

社会に出てからは自分の能力に見合う人とつきあうケースが増えますから、人間関係も階層化されます。階層化されること、二極化していくことが望ましいことなのかどうかということではなく、現実としてそうなっているのです。

正直な話、人間誰しも、自分が「話したい」と思う人と交流したくなるものですからね。

つまり、コミュニケーション上手な人は、それだけ社会生活上のチャンスも増えるということ。そして**そのコミュニケーションの土台となるのが、国語力なのです。**

実際、周囲とのコミュニケーションをうまくとっている人とお話しすると、子どもの頃から国語が得意であったり、それほど得意ではなかったけれども成長する過程で国語力を高めるトレーニングとなるような経験を積んできた人が大半です。

国語力が発揮される場面というのは、机に向かう勉強に限ったことではないのですね。

東大入試でも最重要視される「国語力」

ちなみに、東京大学の入学試験問題は、「国語力重視」の非常にわかりやすいメッセージを発信しています。

私がいろいろと説明するよりも、実際の出題例を見ていただくほうが早いでしょう。52〜53ページに掲載した問題は、2007年度の東大入試二次試験で出題されたものです。このように、東京大学の入試は国語以外の科目でも論述式の設問が主になっています。例えば、社会では高度な論述が出題されます。この世界史の問題では、年号ごとに覚えた事件やできごと、そしてそれらの裏にある背景について、この設問に関係することを思い出し、選別して、お互いの関係性を整え、解答を書き上げなければいけません。また、英語では日本語で要約させる問題が出題され、数学では、数の性質について抽象化の根幹を問う問題が出題されます。国語は難しい文章を読ませ、よく吟味された鋭い問いかけがなされます。自分の中に蓄えられた経験と知識を総動員しながら読んで、解釈し、適切な表現を選んで記述させるという総合力が問われる試験です。

問題文自体がすでに難しいので、問題文から丸々抜き出したような文をつなげてごまかして答えを書きたくなるのですが、解答欄はどう見ても50字ほどしか入らない。文章中の表現そのものを引っ張ってきたら、もういきなり溢れてしまうのです。

内容をつかんで、その整理までいって、並みの大学ならそこまでです。東大では、さらにその内容を、設問に応じて自分の表現のストックから別の言葉に置き換えていかないと、正解にはたどりつけないのですね。

【世界史】 (注)解答用紙は、横書きで〈地理歴史〉共通。1行：30字詰。

第1問

古来、世界の大多数の地域で、農業は人間の生命維持のために基礎食糧を提供してきた。それゆえ、農業生産の変動は、人口の増減と密接に連動した。耕地の拡大、農法の改良、新作物の伝播などは、人口成長の前提をなすと同時に、やがて商品作物栽培や工業化を促し、分業発展と経済成長の原動力にもなった。しかしその反面、凶作による飢饉は、世界各地にたびたび危機をもたらした。

以上の論点をふまえて、ほぼ11世紀から19世紀までに生じた農業生産の変化とその意義を述べなさい。回答は（イ）に17行以内で記入し、下記の8つの語句を必ず一回は用いたうえで、その語句の部分に下線を付しなさい。

湖広熟すれば天下足る	アイルランド	トウモロコシ	農業革命
穀物法廃止	三圃制	アンデス	占城稲

第2問

歴史上、人々はさまざまな暦を用いてきた。暦は支配権力や宗教などと密接に関連して、それらの地域的な広がりを反映することが多かった。また、いくつかの暦を併用する社会も少なくない。歴史上の暦に関する以下の3つの設問に答えなさい。解答は、解答欄(ロ)を用い、設問ごとに行を改め、冒頭に(1)～(3)の番号を付して記しなさい。

問(1)

西アジアにおける暦の歴史を概観すると、(a)古代メソポタミアや古代エジプトで暦の発達が見られ、のちにヨーロッパへ多大な影響を与えた。また、(b)7世紀にイスラーム教徒は独自の暦を作り出し、その暦は他の暦と併用されつつ広く用いられてきた。近代になって、西アジアの多くの地域には西暦も導入され、複数の暦が併存する状態となっている。下線部(a)・(b)に対応する以下の問いに、(a)・(b)を付して答えなさい。

(a)　古代メソポタミアと古代エジプトにおける暦とその発達の背景について、3行以内で説明しなさい。

(b)　イスラーム教徒独自の暦が、他の暦と併用されることが多かった最大の理由は何か。2行以内で説明しなさい。

問(2)

現在、私たちが用いている西暦は、紀元前1世紀に古代ローマで作られ、その後ローマ教皇により改良された暦を基礎としている。しかし、ヨーロッパにおいても、時代や地域によって異なる暦が用いられており、しばしば複数の暦が併用された。以下の問いに、(a)・(b)を付して答えなさい。

(a) フランスでは、18世紀末と19世紀初めに暦の制度が変更された。これらの変更について、2行以内で説明しなさい。
(b) ロシアでも、20世紀初めに暦の制度が変更された。この変更について、1行以内で説明しなさい。

問(3)
中国では古くから、天体観測に基づく暦が作られていたが、支配者の権威を示したり、日食などの天文事象の予告の正確さを期するため、暦法が改変されていった。元〜清代の中国における暦法の変遷について、4行以内で説明しなさい。

【英語】
1(A) 次の英文の内容を80〜100字の日本語に要約せよ。句読点も字数に含める。

We usually think of the meaning of a poem —or any other literary work —as having been created and fixed by the writer; all we readers have to do is find out what the author intended to say. However, although it is indeed the poet who gives verbal form to his or her idea or vision, it is the reader who translates this verbal shape into meaning and personal response. Reading is in reality a creative process affected by the attitudes, memories, and past reading experiences of each individual reader. It is this feature of reading which allows for the possibility of any poem having more than one interpretation.

This emphasis on the reader as the source of meaning can, however, be problematic since it is sometimes difficult to draw the line between what we can all agree is a reasonable interpretation and one that appears wild and unjustifiable. Readers often seem eager to produce their own meaning out of their encounters with poems, meanings which, however reasonable or satisfying they are to the readers themselves, may not have been intended by the poet and may not be shared by other readers.

So who actually has the authority to determine meaning? Any strict distinction made between the reader and the writer as the source of meaning is not helpful. Of course, it is in some ways useful to think about and to discuss the difference in the contributions of reader and writer, but this does not alter the fundamental fact that reading is a kind of interaction. It would be misleading to think that the meaning or value of a poem was under the exclusive control of one or the other.

いずれも2007年度の東京大学入学試験問題からの抜粋

問題の設定や聞いているポイントはすごくシンプルで、ねじまがった聞きかたもなされずに正攻法なんだけれども、「答えを書く」ときに非常にハイレベルな作業が要求されるのです。

東大だけではありません。有力大学はいずれも読解力、論述力を重視した出題をおこなっています。

これは、**「できる人」か「できない人」かを判断される場で、国語力の有無がいかに重要なポイントとなるかの証**だと思います。

「うちの子は東大進学なんてまったく考えていないから、関係ない」とお思いの親御さんもいらっしゃるかもしれませんが、そうでもないのです。

首都圏はとくに顕著ですが、東大が入試を通じてどのような力を問おうとしているのかについて、大学進学に力を入れている中学、高校の先生方はみな関心を持っています。その関心は、難関私立中学の入学試験、難関高校の入学試験に反映されているのです。そして、人気校を目指す学校は、難関校の入試を研究しているものです。

その結果、小学校での教育が「ゆとり教育」によって20年前に比べて量・質ともに大幅に低減したにもかかわらず、中学入試、高校入試は、むしろ以前よりはるかに記述力、論述力が要求されるものとなっています。

産業も人材も国際的な視野で見られるようになった現代において、「情報を発見する力」「情報を整理する力」「適切に表現する力」によって成り立つ国語力が必要不可欠なのだ、というメッセージを、東大をはじめとした教育機関が発していると言えるでしょう。

その点、ビジネスの世界において国語力が求められていることは、言うまでもありません。

入社試験でも、面接でも、企業は入学試験と同様の視点で力をチェックしてきます。質問の意図を発見し、それに対して自分が何を答えられるのか、自分の持つ情報を整理し、相手に伝わるように効果的な表現を考え、選択する。広い意味での国語力が、日本社会において求められているのです。

子どもたちの国語力は低下している

ここで、子どもたちの「国語力」にまつわる現状を見てみましょう。

近年は日本の子どもたちの学力低下が著しいということが言われます。とくに国語力に関しては危機的状況で、ＯＥＣＤ（経済協力開発機構）がおこなっている国際調査では、日本の子どもの国語力低下の傾向がはっきりと出ています。

これは「ＰＩＳＡ（Programme for International Student Assessment）」と呼ばれる調査で、各国の子どもたち（義務教育修了段階にある15歳の生徒）を対象に、「読解力」「数学的リテラシー」「科学的リテラシー」「問題解決能力」の４項目について学習の到達度を調べるものです。

新聞やニュースで学力低下問題が語られるときには、裏付けのデータとしてこの調査結果が出てくることが多いので、ご存知の方もいらっしゃるでしょう。

３年ごとにおこなわれるこの調査で、日本の子どもの学力は低下傾向にあり、とりわけ「読解力」の落ち込みが浮き彫りになっています。

調査の開始された２０００年（第１回）から、データの出ている２００６年（第３回）までの調査結果を見てみましょう。

国際比較のランキングにおいて、「読解力」は２０００年調査の８位から03年には14位と順位を下げ、06年ではまたさらに順位を落として15位となっています。

「数学的リテラシー（１位→６位→10位）」、「科学的リテラシー（２位→２位→６位）」の低下傾向もはっきり表れていますが、03年の調査結果から日本の子どもたちの課題とされた「読解力」に関しては、かなり深刻な状況にあると言わざるを得ません。

このＰＩＳＡ調査において、読解力は次のように定義されています。

[表] PISA調査における日本の結果

2006年調査には、57か国・地域（OECD加盟30か国、非加盟27か国・地域）から約40万人の15歳児が参加。

■科学的リテラシー

	2000年調査	2003年調査	2006年調査
日本の得点	550点	548点	531点
OECD平均	500点	500点	500点
OECD加盟国中の順位	2位	2位	3位
全参加国中の順位	2位	2位	6位

■数学的リテラシー

	2000年調査	2003年調査	2006年調査
日本の得点	557点	534点	523点
OECD平均	500点	500点	498点
OECD加盟国中の順位	1位	4位	6位
全参加国中の順位	1位	6位	10位

■読解力

	2000年調査	2003年調査	2006年調査
日本の得点	522点	498点	498点
OECD平均	500点	494点	492点
OECD加盟国中の順位	8位	12位	12位
全参加国中の順位	8位	14位	15位

科学的リテラシー、数学的リテラシーの低迷も気になりますが、やはり読解力の落ち込みぶりは深刻。かろうじてOECD加盟国の平均レベルはキープしているものの、お隣の韓国（1位／556点）や香港（3位／536点）からは順位でも得点でも大きく水をあけられています。日本人の「国語力」の低下が顕著に表れている結果だと言えます。

読解力とは、「自らの目標を達成し、自らの知識と可能性を発達させ、効果的に社会に参加するために、書かれたテキストを理解し、利用し、熟考する能力」である。

つまり、書かれた文章から思考を広げ、そこから得られたものを自分の人生に応用する力。この本がテーマとしている「国語力」そのものです。

学力調査の残念な結果をいたずらに強調することに対して、例えば、こんなふうに感じる親御さんもいらっしゃるでしょうか。

「ペーパーテストの結果に一喜一憂するよりも、人間としてもっと大切なことがあるはず。親としては、それを教えたい」

しかし、先に述べたように、**ここでいう読解力、国語力は、社会で求められる「人間力」そのものにつながっている**のです。このことから目をそむけるべきではありません。

「ペーパーテスト＝画一的な教育の象徴＝子どもたちの個性を殺す指導法」という、それこそ画一的な決めつけが、一部の教員やメディアなどで繰り返し宣伝されてきました。その結果、多くの人の心の中に「ペーパーテストは悪いものだ」という刷り込みがなされていると思います。

そのため、ＰＩＳＡの結果についても頭ごなしに否定し拒絶する人が少なからずいるようです。ＰＩＳＡの結果から、どのような情報を発見し、発見した情報をいかに整理し、この結果が示す「意味」を読み取っていけるか。――まさに、私たち大人の国語力が問われているのではないでしょうか。

「二極化」する子どもたち

実際に教育の現場にいて強く感じることは、子どもたちの国語力の「二極化」です。つまり、全体として国語力が低下する中、もう一つの構造として、国語力が「ある子」と「ない子」の格差が非常に大きく開きつつあるという現状があるのです。

とくに、勉強をする場が学校の授業だけという子どもの場合、国語の力については確実に、ひと昔前よりもダウンしていると思います。何しろ、「ゆとり教育」を経て、この20年あまりで教科書がペラペラに薄くなっているのですから、学校の授業だけで養われる国語力には限界があると言わざるを得ません。

詳しくはのちの章でお話ししていきますが、「家庭内で会話のキャッチボールがある」「親も子も本に親しんでいて、読書の習慣がある」など、環境の整った家庭で国語力をうまく養えている子は、学校の成績だけでなく、社会的なスキルだとか、コミュニケーション能力に代表されるような人間的な魅力もどんどん養われていきます。一方で、そういう力を身につけられる環境にない子はますます国語力アップの可能性から遠ざかり、悪循環になってしまいます。

公立の学校はすでに、学力のセーフティネットではなくなってしまいました。そのため、いまの日本は、「家庭の力」イコール「子どもの将来設計」というような図式が生まれています。**学校の力が急速に衰えたため、そのぶん、家庭の責任が加速度的に大きくなっているのです。**

しかし、金銭的にも時間の面でも余裕のある家庭もあれば、両親が共働きで忙しくしている家庭もあります。事情があって、お父さんだけ、またお母さんだけで仕事と子育てを両立している家庭だってあります。そういった個々の事情を柔らかく吸収し、一定以上の学習成果を目指して子どもたちに学習の機会を保証する場が、公立の小学校であり、中学校だったはずなのです。

ですが、現実問題として、いまの学校はそのような機能を果たせなくなっています。

その結果、個々の家庭が子どもの学習にどれだけ時間と手間と費用をかけられるかによって、「できる子」になるか「できない子」になるかという二極化の傾向が加速しているのです。

ここ数年、「格差社会」という言葉が時代のキーワードとなっています。仕事、収入、学力、さらには恋愛や結婚でも、「できる人」と「できない人」の格差が広がっているといわれますが、これも、子どもたちが二極化している傾向と少なからぬかかわりがあるかもしれません。

繰り返しますが、国語力は社会で必要とされるスキルの土台となるものです。**世の中のさまざまなことをスムーズにこなし、人間としてステップアップをしていくには、どんなシーンにおいても国語力の「情報を発見する力」「情報を整理する力」「適切に表現する力」が求められます。**

勉強やビジネスに限らず、友人関係でもそうですよね。「情報を発見する力」は、相手の感情に気づき、読み取る力。「情報を整理する力」は、それを正しく解釈して状況に応じたコミュニケーションにつなげる力。「適切に表現する力」は、自分の気持ちを相手にきちんとわかってもらえるように伝える力です。これが高いレベルでできる人は、人間関係がよりよい方向にどんどん広がっていきます。

一方で、これが上手にできない人は、社会生活を送っていくうえでどうしても不利な立場になりやすく、孤独や疎外感を抱えがちです。

子どもたちの国語力の「二極化」を、深刻に受け止めるべきときが来ていると私は思います。

現代っ子の「国語力低下」の背景とは

先ほど引用したPISA調査の結果を見るまでもなく、日本の子どもたちの国語力が全体レベルで下がっていることは事実です。

では、現代っ子の「国語力低下」の要因には、一体何があるのでしょうか？　それについて、私はこのように考えています。

まず一つは、**学校教育を受けている期間に子どもが触れる言葉の数が、圧倒的に減っていること**です。

ここ20年、「ゆとり教育」を経て、教科書の厚みがペラペラと言っていいほどに薄くなってきているということを先ほど述べました。高度成長期など、社会の教育熱が高く教科書が分厚かった頃の教科書と、現在の教科書とでページ数・文字量を比較したら、露骨なほどの差があります。

義務教育期間だけではありません。大学全入時代になり、大学生の学力差が上下に大きく広がっているわけですが、一説では、小学校から大学の4年間を終えるまでに触れる日本語のボキャブラリーが、30年前のわずか3分の1程度になってしまっているというのです。

各種メディアで詰め込み教育が批判されるようになって20年以上になり、ここしばらくの学校教育では、理科にしても社会にしてもそれほど知識量を重要視しない方針できています。

ゆとり教育で教科書内容がぐっと減ってしまったので、ベースとなる学校教育で与えられる知識がそもそも充分でありません。

これに加え、かつての『はたらくおじさん』や『たんけんぼくのまち』のような、子どもが知識を得るためのよい副教材となる教育番組も、放送枠が縮小されてぐっと減っています。また、地域社会とのつながりも希薄になっていますので、子どもが世の中のことを知る機会自体が減ってしまいました。

「知識の詰め込みよりも考える力を」というスタイルは、耳には心地よく響くのですが、人の思考力は、土台となる知識や語彙に比例して広がっていくもの。乏しい知識量ではやはり、それなりの文章しか読めないのです。

こういったことが背景となり、長い文章や難しい文章を読めない子が多数になる。すると、教科書内容のレベルを見直さなければということになり、載せられる文章も制約を受ける。こうなると、ますます子どもたちの国語力を底上げするところからは遠ざかる……。

いまの学校教育は、こんな負のスパイラルに完全にはまってしまっているのです。

国語力をむしばむ携帯文化

2つめの要因として、携帯電話やインターネットが普及しはじめて、短い文章での表現で事足《ことた》りるようになったことが挙げられます。この結果、**長い文章が読めなくなり、また、主語と述語が整った長い文章を書く力がなくなりました。**そもそも、日常からそういう習慣が失われてしまったのです。

携帯のメールやサイトは、話し言葉と同じように表現できる気軽さが特徴です。とくに携帯メールは、単語だけの会話でも成り立ってしまいます。

ある程度の国語力が身についた状態でそれらを活用するぶんには、まったく問題はないでしょう。しかし、国語力を養う段階で、これらにすっかり慣れてしまうのは少々心配です。

若い世代に携帯小説が支持を集めているということも、実に象徴的だと思います。ほとんどの携帯小説は、一文、一文が非常に短く、できごとの羅列やごく簡単な状況説明だけで話が進みますね。心理描写も浅く、単純になりがちです。

短い文章にしか接しておらず、長い文章が読めない、書けない子は、すぐに「わかんない」「面倒くさい」という言葉を口にします。こうなると、国語力も考える力も育ちません。

携帯に限らず、インターネット上のウェブサイトにしても、外国と比べて日本には長い文章のサイトが非常に少ないという話を聞きます。日本人の作るウェブサイトやブログは、とにかく短文のものが多いようです。

いま30代〜40代くらいの大人たち、小学生くらいの子どもを持つ親たちがすでに携帯やインターネットを手放せない世代だと思うのですが、日常的にごく短文のやりとりしか必要ない状況にあるわけです。まさにいま現在、国語力を発揮する必要もなく日々を送っている親世代が増えている。**子ども以前に、親の世代の国語力が揺らいできている**のです。二文、三文程度の短い文章ですら、意味の通る文章を満足に構成することのできない親御さんも、少なくありません。

こうなると、子どもたちの世代の国語力低下については言わずもがなということになります。

大人とのかかわりあいがなくなった子どもたち

国語力低下の3つめの要因として、**核家族化や少子化、地域社会とのかかわりの希薄化など、子どもを取り巻く社会環境の変化**という点も見逃せないと思います。

本書の冒頭で、国語力の3つの力――「情報を発見する力」「情報を整理する力」「適切に表現する力」は、人と話し、触れ合い、交流することによって高められていく。外の刺激に出会うことで、どんどん鍛えられていく……とお話ししました。

しかし現代は、昭和の時代に比べて、子どもが不特定多数の大人と会話する機会が激減しています。

私は教室でたくさんの生徒を指導してきましたが、子どもたちを見ているうちに、興味深いことを発見しました。両親と祖父母の三世代で一緒に住んでいる家庭の子どもと、親と子だけの核家族の子ども、さらに兄弟姉妹がいるか、いないかによって、表現力の豊かさが明らかに違うのです。

これは、なぜでしょうか？

例えば、ある子どもが学校のテストで100点を取ったとしましょう。家に帰ってから、まずはお母さんに報告しますね。

「僕、テストで100点だったよ！」

「まあ、よくがんばったわね！　うれしかったでしょう」

と、お母さん。そこでさらに、おじいちゃんが、

「おお、100点か。満足だろう」

と声をかけます。

ここで子どもは、一つのできごとについて、二人の大人から「うれしい」と「満足」という2つの言葉をもらえました。そして、がんばって100点を取ったことで自分の中にある「よしっ、やったあ！」という気持ちと、「うれしい」「満足」という言葉がつながるわけです。

とくに幼児期から小学校低学年くらいの小さい子どもの場合、「うれしい」は普段の生活の中でよく使われているからわかるけれど、「満足」ってなあに？……というように、2つの言葉の違いや、共通するニュアンスについて、漠然と意識するきっかけが生まれます。

たとえぼんやりとでも、「いまの言葉、何だろう？」と思うきっかけがあって、それが使える記憶として子どもの中に定着する。机に向かって、単語帳やドリルで言葉を丸暗記

するやりかたでは、このように自分の肌感覚と結びついた本当の理解には至りません。

複数の大人の中で育つ子というのは、このような接触を、大量に、自然に経験できるのです。お父さん、お母さんだけの核家族と、そこにおじいちゃん、おばあちゃんが加わった三世代家族を単純に比較すれば、接触の量は2倍になりますから。

ちなみに、兄弟姉妹がいる子も同様の傾向があります。一番上の子は苦労することもあるようですが、下の子は口数が多くなったり、大人びた会話をしたりというケースも多いですね。例えば小学校1年生の子どもでも、4年生のお兄ちゃんがいたりすると、しゃべる内容は2年生、3年生レベルだったりすることがあります。

国語力は、間違いなく周囲とのかかわりの豊富さに直結しているのです。

「国語力」はどうしたら伸びるのか

この章の前半で、国語力の3つの力を伸ばすための要素として、**「人間社会に関する知識」「二元思考（対比的にものごとを見る視点）」「書いてあることを映像化する力」「ボキャブラリー（語彙・言葉数）」**を身につけることが必要であると説明してきました。

これらの要素を養い、国語力の3つの力を伸ばすことを公教育だけに依存するのには、残念ながら限界があります。

子どもが育つ最大の土壌は家庭ですから、とくに学校の授業が力を失っているいまの時代は、お母さんやお父さんがしっかりとした意識を持って自己防衛に入らないといけない状況になっています。

大学在学中から現在まで、講師として多くの子どもたち、その親御さんと接してきた中で実感していることですが、やはり子どもの能力を伸ばすためには、「環境」は非常に重要です。

しかし、現実問題として、核家族であったり、一人っ子であったり、ここまでに述べてきたような豊富な交流を子どもに持たせてあげることは難しいという家庭も多いことでしょう。

大丈夫です。

「わが家では、国語力を伸ばしてあげることは無理みたい」と、諦めてしまわないでください。

お母さん、お父さんが、能力を引き出してあげることを意識しながら子どもに日々接していくことで、国語力は必ずアップします。その心構えによって、おじいちゃん、おばあちゃんと一緒に生活している子ども以上に効率よく国語力を伸ばしてあげることが可能です。それこそが、この本のテーマなのですから。

では、次の章からは、親がどんなふうにかかわり、どんなふうに「声かけ」をすれば子どもの国語力が伸びてゆくのか、その実践法と具体的なテクニックをご紹介していきたいと思います。

第2章

国語力を伸ばす！「声かけ」メソッド

親から子どもへ発する言葉と問いかけの内容を工夫するだけで、子どもの「気づく力」「考える力」「表現する力」が伸びていきます。どんな言葉を、どんな順番で、どんなタイミングで、投げかけてあげればいいのか。このポイントを外さないように、国語力アップに効果的な「声かけ」のハウツーを解説します。

大人とのかかわりの中で「国語力」は伸びる

第1章で、子どもの国語力は周囲の大人とのかかわりの中で伸びていくというお話をしました。大人と日々たくさん会話をすることで、言葉、知識、思考力が無限に広がっていきます。そして、**国語力は、これから紹介する「声かけ」という方法で、より効果的に伸ばしてあげることが可能**なのです。

この章では、子どもの言葉と知識の芽を育み、考える力に翼を与える「小川式『声かけ』メソッド」として、お母さん、お父さんが実際にどのような働きかけをしてあげればよいのかを解説していきたいと思います。

「声かけ」とは何か?

すでに前章から「声かけ」という言葉を使ってきましたが、その中身について、まだピンときていない方も多いことと思います。まず最初に、「声かけ」というものの定義をしておきましょう。

この本でいう「声かけ」とは、硬い言いかたをすると「発問」ということになります。**親から子へ、問いかけをおこなうことで、子どもの意識や思考を動かしてあげる技術**のことです。

すでにお話ししたとおり、私が代表を務める個別指導教室「SS－1」でもこの技術を学習指導に活用しています。私たちはこれを「発問応答メソッド」と呼んでいます。

具体的には、子どもが問題を解くかたわらに講師がついて、その様子を見守り観察しながら、「適切な問いかけを」「適切な順番で」「適切なタイミングで」おこなうのです。その問いかけが正しくなされると、子どもの意識が、それまでは至らなかった部分にまで及びます。そのための手助けをしてあげるのが「発問」というわけです。

国語であれば、問題文を一緒に読みながら「何について書かれた文章だった？」「どんな人が出てきたかな？」「どんなできごとがあったの？」「文章のどこを見たらいいんだろう？」「いまの場面を想像すると、どんな雰囲気かな？」「とくに重要な言葉はどれだろう？」といった問いかけをおこなっていきます。

適切な問いかけによって子どもたちの気づく力、考える力、理解する力を引き出す。そして、それを何度も繰り返すことによって、学習上重要となるこれらの力を定着させる。――これが、私たちの「発問応答メソッド」の中身です。

「SS−1」は学習支援のための個別指導教室ですので、私たちが実行する「発問応答メソッド」は勉強中のシーンに限られますが、このやりかたは、家庭での日常のシーンにも使えます。

家族で食卓を囲んでいるとき、みんなでテレビを見ているとき、子どもが学校から帰ってきて、その日のできごとを報告してくれるとき……。

学習中に限らず、**「普段の生活の中でできる声かけ」「勉強中以外にも、お母さんやお父さんが日常的にしてあげられる声かけ」をたくさん実行することで、子どもの国語力はぐんぐん伸びます。** その理由は、第1章ですでにご説明したとおりです。

お母さん、お父さんのたくさんの「声かけ」で、お子さんの可能性は無限に広がるのです。

「SS−1」の発問応答のやりかたをもとにした、家庭でできる「声かけメソッド」の具体的な実践方法――子どもの力を伸ばすための適切な声かけとは、具体的にはどんなものなのか。それも追ってご説明していきます。

難しいことは少しもありません。いつもどおりの会話の中で、親からの声のかけかたをほんのちょっぴり工夫するだけでいいのです。

それと同時に、普段の親子の会話で、子どもの学びの芽を摘《つ》んでしまうような接しかたをしていないかどうかも振り返ってみていただきたいと思います。

まずは、こんな「声かけ」をしてみましょう！

学校から帰宅した子どもが、「今日の給食、おいしかったよ！」とおしゃべりをはじめました。


「お母さん。聞いて、聞いて」

「なあに？　どうしたの？」（POINT 1）

「あのね。今日の給食でビーフシチューが出て、それがすごくおいしかった」

「そんなにおいしかったの、よかったね～。中には何が入ってたの？」（POINT 1）

「えっとね、お肉と、にんじんと玉ねぎとか……、あとはサヤインゲンが入ってて、それは変な味だった」

「サヤインゲン、変な味だったんだ。家で食べるのと味が違ったの？」

「うん。なんか、苦い気がした」

「苦かったんだ。もしかして、噛《か》んだ感じ、食感って言うんだけど、それも違ったんじゃない？」

「あっ、そうかも。家で前に食べたときはシャクッて感じだったけれど、今日のは、ぐちゃって感じだった」

「前のはみずみずしかったけど、今日のはそうじゃなかったのね。でも、玉ねぎとかにんじんはおいしかったのね？」

POINT 5

「うん。おいしかったよ」

「ビーフシチュー、周りの子もおいしいって言ってた？」

「うん。でも、○○くんは、にんじんも玉ねぎもサヤインゲンも嫌いって言ってた」

「え～、そうなんだ。嫌いって言うとき、○○くんはどんな顔してたの？」

「なんか、うぇ～って顔」

「うわぁ～、本当に嫌いなんだねえ（笑）」

「うん、大嫌いなんだって。それで、残しちゃって注意されたの」

「誰が、誰のことを注意したの？」

「××ちゃんが、○○くんのことを」

「××ちゃんは、○○くんのこと何て言って注意したの？」

POINT 2

「えっとね〜、いっぱい好き嫌いをする子は大きくなれないんだよって。あと、食べものを粗末《そまつ》にするのはいけないよって言ってたかな」

「おっ、『粗末にする』なんて難しい言葉、よく知ってるね！　どんな意味かわかる？」 POINT 3

「う〜ん……。捨てちゃうってこと？　もったいないこと？」 POINT 4

「でも、『ゴミを粗末にする』とは言わないよね」

「そっか。う〜ん……。大切にしないとか、そんな感じかな……？」

「ピンポーン、正解！　いいかげんに扱うっていう意味だね。××ちゃんの言うとおり、食べものは大切にしなきゃいけないよね。他には？　どんなことがあったの？」

「あとはね、◎◎くんがシチューをおかわりしたら、△△くんが嫌なこと POINT 5 言ったの。お前、食べすぎるからデブなんだぞって」

「それはちょっと、あんまり言われたくないことだよね」

「うん、そう。それで、先生が△△くんのことを叱ったの」

「先生は何て言って△△くんのことを叱ったの？」

「え〜と、『人を傷つけるような言葉を使っちゃいけません！』って」

「そうだよね。言われたらショックだし、嫌な気分になるよね」……

いかがでしょうか。こんなふうに会話をしてあげてほしいというイメージで、「声かけ」の一例を示してみました。

会話の内容や、子どもの返事はどんなものでもいいのです。大切なことは、「声かけ」のOKとNGを分ける最も重要なポイントを外さないことです。次に5つのポイントを挙げますので、先ほどの例でチェックしながらもう一度、会話を読み返してみてください。

POINT 1 子どもの話に関心を示しながら、よく聞いてあげる

一番最初に、「今日の給食でビーフシチューが出て、それがすごくおいしかった」と言ってきたときに、「ああ、そうなの。それで、宿題は？ 早くやっちゃいなさいよ」と話を断ち切ってしまうのはよくありません。

子どもが、自分の経験したことや感じたことを表現しようとしているときは、子どもの力が伸びていくうえでとても貴重な時間です。親が「聞く」姿勢を示すことで、子どもは表現することに意欲的になります。「帰ったらお母さんに聞いてもらうんだ」という気持ちがあることで、生活の中でものごとを観察する意欲も高まるのです。

POINT 2
場面やイメージを思い起こさせるような聞きかたをしてあげる

具体的なできごと、やりとりの内容、友達の表情、教室の雰囲気、自分の気持ちの動き……。そのときに起こっていたことの細部を思い起こすような問いかけをしてあげましょう。このとき、親自身も場面を具体的に思い浮かべながら子どもの話を聞くようにすると、自然と問いかけも具体的なものになっていきます。具体的な声かけをされることで、子どもは自分の体験の細部を思い出そうとするため、しゃべることが次々に出てきます。

POINT 3
ほめてあげる

どんな小さなことでも、子どもの行動や発言を認めること、ほめること。**「よかったね」「すごいじゃない」「そのとおり！」「さすが！」「えらいね」**といった言葉を、どんどん入れて会話しましょう。自分の存在が肯定されていることを実感できるため、子どもはうれしくて、もっともっと話しはじめます。

また、子どもを直接ほめる言葉でなくても、**「お母さん、嬉しいわ」「楽しいね」**といった言葉も、「お母さんが喜んでいる」＝「自分に好感を持ってくれている」という気持ちを強くします。やはり、自分の存在を肯定されていると子どもが実感できるフレーズなので、積極的に口にしたい言葉ですね。

POINT 4 子どもなりの表現が出てくるのをいったん待ってあげる

子どもが自分で考える訓練、自分の言葉で表現する練習になります。すぐに正解を与えて手っ取り早く知識を身につけさせようとするやりかたでは、子どもの力は伸びません。なんとなくつかんだイメージ、体で感じた感覚を言い表そうとして、子どもは自分が知っている言葉の中からぴったりくる表現を探します。言葉の持つイメージと、自分が体験したできごとのイメージとを結びつけようとする時間です。すぐに言葉を与えてしまっては、イメージと言葉を一致させる時間がもてず、使える言葉に育っていかないのです。

POINT 5 子どもの話した内容を、親側が受け止めた意味合いで言い直してから返してあげる

ところどころで親が「まとめ」を入れてあげると、子どもにとって思考の手助けになりますし、「あなたの話を聞いているよ」というメッセージとしても子どもに伝わります。

また、子どもの「シャクッって感じ」という表現を「みずみずしい」という言葉に言い換えて会話を返しているところがありますね。こうして、子どもが発した言葉を少し背伸びした大人の言葉に置き換えて返してあげると、知らなかった言葉と自分の感覚が子どもの中で一致します。これを重ねることで、本当の表現力につながる「使える言葉」が増えていきます。そこから話を広げて、大人の世界のことを話してあげるのも「人間社会の知識」を身につけさせるうえで非常に効果的です。

いかがでしょうか?

これでだいぶ、「声かけ」のイメージをつかんでいただけたのではないでしょうか。ここに挙げた各ポイントについては、のちに説明する「ＯＫフレーズ」の項でも、もう一度詳しく触れていきたいと思います。

どんな場面で「声かけ」をすべきか

では、「声かけ」は、具体的にはどんなタイミングでおこなったらよいのでしょうか?

親子の会話やコミュニケーションという意味でいえば「すべき場面」「すべきでない場

面」などはないのかもしれませんが、「声かけ」が効果的に生きる場面ということでいえば、次のようなときでしょう。

・子どもが自分から話したがっているとき
・子どもが困っているとき、考えあぐねているとき
・子どもがつまらなそうなとき
・子どもがやる気になっているとき
・子どもの五感（とくに視覚、聴覚）が刺激されているとき

子どもが自分から話したがっているときにおこなう「声かけ」は、意欲との相乗効果で子どもの力をぐんぐん伸ばす最高のチャンスです。「おしゃべりはいいから！」なんて、親の都合でコミュニケーションを途絶えさせることのないようにしたいものです。

子どもが困っているとき、考えあぐねているときには、「声かけ」によってこちらからかかわりを持ってあげることで子どもの思考が動き出します。

とくに勉強を見てあげているときなどは、「どこまではできて、どこからできなくなるのか？」を問いかけによって明らかにし、そして「うまくいかない理由、考えが進まない

理由」に意識を向けさせることで解決の糸口を示してあげるのです。

つまらなそうにしているときも同様です。「声かけ」によって、子どもの思考を動かし、周囲への関心を呼び覚ますことができます。

子どもがやる気になっているときにも「声かけ」は効果的ですね。とくに小学校低学年から中学年くらいまでの幼い子の場合、何となくやる気になっても、何をしたらいいかが自分ではわからない場合があるのですね。そこにかかわりを持ってあげることで、やる気を具体的な行動に移すお手伝いをしてあげます。

例えば、「次のテストでは友達の◯◯くんに負けたくない！」とやる気を出している場合、「じゃあ、そのためには何をしたらいいのかな？」「点数を上げるためには、苦手なところを克服しなきゃね。この前のテストでは、どんな問題がダメだったんだっけ？　じゃあ、まずはそれをできるようにしようか」……というように、いま自分のするべきことを具体化して、実際に行動に移す手助けをしてあげましょう。

五感が刺激されているというのは、絵本を読む、芸術作品を鑑賞する、よい映像や音楽を視聴するなどの行動の最中、子どものイメージや想像力が広がっているときです。このときに適切な「声かけ」をすることによって、感性と知識の幅をぐんと広げてあげることができます。これが、第1章で説明したような「映像化の力」につながっていきます。

例えば、美術館で絵画を見て、子どもが「すごいね、この絵。なんか、すごい迫力だ」と言ってきたとしましょう。

そこで、「どんなところに迫力を感じるの？」と問いかけて、「色の塗りかたとか、勢いがあって気合いが入ってる感じ」というような〝観察する力〟を引き出すこともできます。

また、「楽器の音でいうとどんな感じ？ 学校の音楽の授業で聴いた中で、イメージに近い曲はある？」というように、少しずつずらした視点を投げかけてあげることで、他の感覚に置き換える意識をもたせてもよいでしょう。

国語の授業に限ると、知識だけでなく総合的な感覚を持っている子は、詩や短歌、俳句といった、子どもにとってはなかなかそのおもしろさがわからないものでも楽しむことができます。

もちろん、小説や随筆などの文章を読む場面でも、豊かなイメージを持って作者の感性に寄り添うことができるようになるのです。

「声かけ」をすべきでないケース

当然ですが、子どもが話しかけられるのを拒絶しているときに「声かけ」を無理強《じ》いするのはいけません。

「小言ばかりで、もうお母さんとは口をききたくないよ」というように、親のかかわりを拒否しているとき。何かひどく落ち込むことがあって、いまは一人でいたいというような状態のとき。こんな様子が見られるときには、無理にかかわりを持とうとはせず、見守ってあげましょう。無理やりに言葉でかかわっていこうとすると、子どもにとって負担になります。

また、こんなケースは稀《まれ》でしょうが、子どもとの間に信頼関係ができていない場合も同様です。言葉だけで技術的にかかわろうとすると、関係は余計に悪化してしまいます。

このようなときは、ただ横に座ったり、頭をなでてあげたり、肩に手を置いたり、身体的な距離を縮めるところからスタートしましょう。声かけも、「晩ごはん、何が食べたい？」そんな普通のことからはじめてみてください。

「声かけ」が効果的に生きる大前提として、親子の信頼関係はなくてはならないものです。そこで、この「声かけ」以前のコミュニケーションとして、親の側に必要な心構えと態度について、簡単に触れておきたいと思います。

国語力アップのための「声かけ」7か条

「声かけ」をするときに、親の側に必ず心がけてほしい7つのポイントがあります。

この本のテーマは「親から子へ、適切な声かけをしてあげることによって子どもの国語力を伸ばす」というものですが、それ以前に、子どもと会話をするときの親の態度、接しかたが非常に重要になります。

「笑顔」「待つ」「楽しむ」「信頼する」「観察する」「6秒ルール」、そして**「ほめる」**。

これが、「声かけ」の7か条です。子どもを持つ親として、どれも心がけていきたい大切なルールですし、一つひとつは単純なことばかりです。しかし、**親の側でこれらを徹底できているかどうかが、「声かけ」の効果が上がるか否かの分かれ道となる**のです。

次の7つのポイントを意識しながら、よりよいコミュニケーションにする心構えを持って「声かけ」を実践していただきたいと思います。

《言葉のテクニック以前に必須！「声かけ」7か条》

◎「笑顔」

笑顔は、親子のコミュニケーションにおいて基本中の基本です。むしろ笑顔でなければ、「声かけ」もしないほうがマシというもの。

もちろん、子どもに寄り添うという意味で、悲しい表情、切ない表情で話を聞いてあげることは必要です。ただし、親の側から声をかけていくときに、優しい笑顔で接し、自分たちはいま楽しい時間を過ごしているのだということをイメージしながらかかわることは非常に大切です。

一つは、**「声をかけるとき」に笑顔。**

そしてもう一つは、**「子どもからなんらかの反応が返ってきたとき」に笑顔。**

自分が発した言葉に対して相手がぱっと笑顔になってくれるというのは、人間にとってとても快感なことです。子どもにとっては、これが大人以上の「快」体験となりますから、その効果で「もっともっと話したい！」という気持ちが強くなります。

逆に、せっかくがんばって話したことに対して、「ん？」というしかめっ面や、「いま忙しいのよ」という怖い顔、関心がないというような無表情を返されたらどうでしょうか。また同じような反応だったら嫌だなという恐れの気持ちが、子どもからお話を奪ってしまいます。

お母さんもお父さんも、自分がしゃべったらうれしそうに聞いてくれる。それがわかれば、子どもはどんどんお話をしてくれるようになります。

たくさんおしゃべりすることは、発問に対する反応が上がっていくということにつながります。また、大人とたくさん話すことが国語力の素地になるということは、すでに繰り返し述べてきたとおりですね。

◎「待つ」

「声かけ」では、子ども自身が持っている力を引き出して、自分自身で培《つちか》っていくことを目指します。親の側の予定や都合に子どもを合わせようとするとうまくいきません。

例えば、「○○はどうなの？」と問いかけを投げたとします。それに対して、子どもは「ええと、どうだったかなあ……。う～ん……」。

このとき、大人の感覚で、答えをすぐに返させようとするのは避けましょう。「そんなに難しいことは聞いてないんだから、すぐに答えられるでしょ？」「何かしらあるでしょう？　ほら、早く教えて」なんていうふうに答えを急《せ》かすような対応は子どもを焦らせるだけで、その結果、動き出した思考がストップしてしまいます。

また、子どもから引き出すのではなく、親が言わせたいことを言わせるような声かけになってしまう状態にもおちいりがちです。親の都合や価値観の押しつけが起きてしまうのです。このような「声かけ」は、子どもにとっては指示されること、命令されることと同じです。そうなると、親の言葉やかかわりを待たなくなり、やがては拒絶につながってしまいます。

子どもからの返答が出てこないときには、**「どうかな？　ちょっと難しい？」「ゆっくり考えていいよ」**と穏やかに声をかけながら待ってあげるのがよいでしょう（無言で待つのも、子どもにとってはプレッシャーになってしまいますからね）。

この「待つ」ということは、子どもの力を伸ばす際にとても重要です。

私たちの教室では、保護者の方はお子さんの授業をいつでも見学できるのですが、実は、SS－1での体験授業をご覧になったお母さん、お父さんのほぼ全員が口になさる言葉があります。

それは、「私は、先生みたいに待てていないです」「そこまで待つものなんですね」という言葉です。そして、発問応答メソッドでの講師とお子さんのやりとりを見て、「あの子、できないと思っていたけど、待ってあげるとちゃんと答えを言えるんですね。びっくりしました！　私たちが答えを言えないようにしていたんだって、よくわかりました」とおっしゃいます。

「待つ」ことは、子どもの思考力を育てるためのキーワードなのです。

◎「楽しむ」

この本で提唱する「声かけ」には、子どもの国語力を伸ばしてあげたいという目的があるわけですが、どうか、その目的にとらわれすぎないようにしてください。

「こうしてやろう」という意図に沿って子どもを動かそうとするのではなく、子どもの反応を自分が楽しめるような「声かけ」をしてほしいと思います。

親の側で勝手にゴールを設定して、そのゴールにふさわしい言葉を言わせようという気持ちは持たないでください。投げかけてみたときに、何を返してほしいかを決めないほうがうまくいくはずです。

何かを問いかけるにあたって、ある程度の答えを想定するのはもちろん構いませんが、想定外の答えが返ってきたときに、例えばそれが的外れの答えだったとしても「ダメ出し」や、答えの「押しつけ」をする必要はありません。

そういう反応が来るか！というように、子どもから返ってくるものを楽しめるようになればいいと思います。

先ほどの「待つ」と同様に、子どもの返答がこちらの思いどおりにならないことにイライラした態度をとってしまうのもよくありません。

少し話が脱線しますが、いま、あまりよくない風潮だなと思うのが、「子どもを産む」「子どもを作る」という表現が一般化してきていることです。

ある先生のお話によると、これらの表現はここ20～30年くらいの間に定着したのだそうです。それ以前は、子どもは「授かる」ものだったんですね。

ところが、少子化が進み、産む時期を選ぶような意識が出てきて、さらには男女を選別して産むというような発想まで出てきました。子どもは親が作るものだという親主体の感覚がいま、むしろ当たり前になってしまっています。そこから、「子どもの将来をどうするか？　どういう子どもにするか？」と、あたかも子どもが親の創作物であるかのように考えている人が増えているのです。もちろん、無意識のうちにということですが。

そうなると、わが子をいかに自分の理想どおりに「作り上げて」いくか、子どもが親の自己実現のための一つの手段と化してしまいます。

理想や目標を持つことは大切ですが、それがあまりに強すぎて、逃《のが》れられない強迫観念のようにがんじがらめになってしまったら、よい結果は生まれません。

子どもを守る責任はあるけれども、親の思いどおりにする権利はない。――当たり前なのですが、「声かけ」を実践する際には、そのことをもう一度肝に銘じておいてください。

◎「信頼する」

これも、「待つ」や「楽しむ」の根っこの部分とつながっているのですが、本人の中から出てくる考え、感じ取る力、判断を尊重して、信頼してあげること。これが大事です。

子どもは皆、一人ひとりがすでに一つの人格として確立されています。彼ないし彼女の中には、本人自身の考えであり、感じかたというものが必ずあるのです。

「声かけ」を実践するときに、子どもの中にあるその子の力を信頼できているかどうか、このチェックは逐一していただきたいと思います。

「うちの子はできない」「うちの子は劣っている」というような、子どもの力を否定した不信感からの声かけは、問いただすだけの「詰問《きつもん》」になってしまいます。本人自身に内在する力を伸ばす「発問」にはなりません。

信頼にもとづいた声かけならば、「待てる」し、「楽しむ」こともできるのです。

◎「観察する」

声をかけていいときと、声をかけないほうがいいとき。

また、子どもからの答えに対して、次にどういった言葉を投げかけてあげればいいか。

子どもの状態や反応によって、親が適切な言葉を選びながら会話を進めていくのが上手な「声かけ」ですから、子どもの心理を汲み取るような観察力が必要になります。

親からの発問に答えが出ないようなら、別の角度から聞き直してみる。

問いかけに見当外れの答えが返ってくるようなら、思考プロセスを一緒にたどりながら、子どもの反応を見て、つまずいた場所を探る。

会話の内容に興味が持てないようなら、すぐに話題転換をしてあげる。

子どもの様子をよく観察することで、適切な声かけがおこなえるようになります。態度、表情、目の動き、言葉と言葉の間合い、しぐさ、体の姿勢など、あらゆるところをよく見て、そのときどきで必要な声かけを臨機応変にしていただきたいと思います。

◎「6秒ルール」

子どもに小言のようなことを言いたくなったときには、**「6秒だけ」心の中で数えてください**。人間、思ったことをパッと口にしてしまうと、あまりいいことは起こらないんですね。家庭内のやりとりの場合、とくにそうです。

例えば、「宿題、終わったの?」と声をかけたときに、子どもが「うるさいなあ、まだだよ。お母さんには関係ないでしょ」なんて返してきたとしましょう。

ここで、カチンときて「何よ、その態度は。やる気あるの?」「口ごたえばっかりして!

さっさと終わらせなさいよ」などと言ってしまったら……。

子どもにしてみたら、まだ宿題をしている途中だったのかもしれないし、このあとすぐに取りかかるつもりだったかもしれません。そこで急に怒られたら、やる気も一気にしぼんでしまいます。最初からやる気が出ていなかったにしても、へそを曲げて、「宿題しなきゃ」という気分からはますます遠ざかってしまいますね。

子どもに対して言いたいことが噴き出してきたときには、感情のままに言ってしまうのではなく、**心の中で「1、2、3、4、5、6」と数えてから口にする**ようにしてください。

感じたことが情報としてシナプスを伝わり、脳内で言葉に変換されるまでがコンマ何秒という速さなのだそうです。そして、それがさらに口に伝わって言葉を発する動きになるまでに、2～4秒を要するのだそうです。

ということは、ムッときてもだいたい6秒の間隔をとれば、この一連の動きをいったん止めることができるのです。最初に心に浮かんだことをそのまま口に出さなくても済みますね。自分の経験からも、実際に6秒を数えて待つと新たな気づきも生まれたりして、確かに言うことが変わってきます。

先ほどのような場合にしても、「やる気がない」のではなくて、「もしかしたら、今回の宿題は難しいのかなあ」などと別のことにも思いが及んで、「やる気あるの？」とは違う言葉をかけてあげられる可能性が高くなります。

冷静に、平常心でかかわってあげるためのルールとして、ぜひ心に留めておいてください。

◎**「ほめる」**

どんな小さなことでも「ほめる」。これも声かけをするうえでの重要なキーワードの一つです。何も、大げさなほめ言葉でなくてよいのです。

「すごいね」「なるほどね」「さすが！」「そういう言いかた、知ってたんだ」「そうそう、上手に答えられたね」「がんばったね」というような、子どもの反応を認めて肯定する声かけ。これを、できるだけたくさんしてあげるように心がけてください。

また、**「ありがとう」**というフレーズも、半分はほめる要素が入っていますね。「ありがとう」と声をかけてもらえることは、自分がしたことを相手が喜んでくれたということです。これは、相手から自分自身への評価にほかなりませんので、広い意味での「ほめ言葉」にあたると思います。

とにかく、子どもの口にした言葉、内容、そして答えを返してくれたこと自体に対して、ほめ言葉のフレーズを小さく挟み込みながら「声かけ」をしてあげましょう。

そのためには、お母さん、お父さんが、ほめる言葉のバリエーションを意識して増やすことも大事だと思います。子どもを認め、肯定するフレーズをたくさん持っていればいるほど、「声かけ」の効果は上がります。

「そんなにたくさんのほめ言葉、とても思いつかないわ……」という親御さんへ。『ほめ言葉ハンドブック』（PHP研究所刊）という本を一度読んでみてください。人をほめる言葉を600例も集めた本で、とてもいいテキストになると思います。

おすすめの活用法は、この本を「音読」すること。本文で紹介されているほめ言葉を、実際に口に出してみてください。ほめるフレーズが口になじんできたら、お子さんをほめるオリジナルの表現も、自然と口をついて出てくるようになるはずです。

やりとりをあらかじめイメージした「声かけ」を

補足として、お母さん、お父さんに意識しておいてほしいプラスアルファの声かけ術をもう一つだけ。

子どもの能力を伸ばしてあげるための「声かけ」では、**子どもとのやりとりをあらかじめイメージしながら接してあげてほしい**と思います。

「そろそろ学校から帰ってくる時間かな？」と思ったら、「帰ってきたら、あの子はまたすぐにテレビをつけちゃうんだろうな。今日はちゃんと宿題をやってほしいから、そのためにはどう言ったらいいかしら？……玄関から上がってすぐに、『今日、絶対に見たいテレビ番組ってなあに？　じゃあ、その番組以外の時間で宿題をやっちゃおうか』って声をかけてみよう」――というように。

子どもを目の前にしてから、その場の思いつきで言葉を発するのではなく、やりとりの内容をあらかじめイメージしておけば、このような心づもりを持ってより効果的な「声かけ」ができます。

子どもの反応をまったくイメージしていないと、その場しのぎのやりとりになってしまいます。「宿題をやらせなきゃ」ということだけを考えて、つい命令調での物言いをしてしまうかもしれません。反抗されたときに、カッとなって感情のままに怒鳴りつけてしまうかもしれません。

正直なところ、その瞬間、その瞬間に、常に100点満点の対応をするなんていうことは、どんな人でも不可能だと思うのですね。

「7か条」の項で、子どもを自分の思いどおりに動かそうとしないでくださいと言いましたが、「声かけ」には、多少なりとも親側の意図があることも事実です。

相手あるものをこちらの意図した方向に導こうという計算が、少なからず絡んでいます。まるで子どもを操作するようで、そんなふうに考えるのは抵抗があるかもしれません。しかし、「自然に、あるがままに接していきたい」というだけでは、変化を起こすことはできません。いま以上に力を伸ばすなど、変化を生み出したいのであれば、計算したコミュニケーションも必要なのです。

「テレビをつける前に宿題をやってしまおう」と声をかけたときに、子どもが「嫌だ」と言ってきたとします。そこでカッとして怒るのではなくて、「どうしても見たい番組があるのね。その番組は何時までなの？」とか「じゃあ、1時間だけテレビを見たら宿題するって約束しよう」とか、返してあげる言葉もちゃんと準備して、意識してかかわっていく。

とくに子どもの力を伸ばすという面で強い効果を生みたいのであればなおさら、それくらいの計画性があってよいと思います。

ただしこの「計画性」というのは、親が子どもの答えを想定して、それに至るような誘導をしましょうという意味で言っているのではありません。押しつけるための計画ではなく、子どもの力を引き出せるよう、自分自身が「待てる」ようにするための、自分自身に対する計画です。

なお、**子どもの能力云々《うんぬん》ではなく日常のちょっとしたかかわりを大事にしたいというこ**

とであれば、「これを言ってあげよう」よりも「これとこれは言わないでおこう」という禁止ワードに気をつけたほうがいいでしょう。このあたりは、のちに述べる「NGフレーズ」の項を参考にしてください。

子どもの国語力を伸ばす「声かけ」OKフレーズ

ここまでが、声かけ以前の心構え編。ここからは、国語力を伸ばす「声かけ」実践編です。では、実際にはどんな調子で声をかけていったらよいのでしょうか？　国語力の3つの力（情報を発見する力、情報を整理する力、適切に表現する力）を伸ばすのに効果的な発問のしかたと、具体的な声かけフレーズをご紹介していきたいと思います。

OK　内容を問う問いかけ
「どんなことがあった？」「どんな内容だった？」

子どもが話してくれる学校でのできごとや、読んだ本のあらすじなど、まず最初はその内容を聞いてあげるのが基本です。

子どもなりの答えがあまりにも素っ気ないときには「もうちょっと詳しく教えてよ」「も

う少し言葉を足してみて」と促してみたり、子どもの話してくれる内容が要領を得ないようなら、後述の「5W1H」について一つずつ問いかけてみたりします。

また、子どもが体験したできごとについて話している場合、話してくれた内容を「へえ、そうなんだ」「なるほどね」と肯定したうえで、「そのとき、○○くんは何て言ったの？××ちゃんは？」「○○くんは、どんな顔をしてたの？　他の子たちは、何か言ってた？」……というように、できごとの大筋だけでなく細部を思い出させる声かけも、非常に効果的です。

OK 5W1Hをたずねる問いかけ「誰が何をしたの？」「いまのって、誰の話？」

「いつ（When）」「どこで（Where）」「誰が（Who）」「何を（What）」「なぜ（Why）」「どのように（How）」。5W1Hは、ものごとを正確に伝えるための基本要素です。

その中でもとくに主語＝「誰が」の部分をつかむ力が、国語の読解における最重要のカギになります。そこから常に主語と述語を整理して考えられるようになれば、正しい表現力も身につくのです。5W1H、とくにまず最初に「誰が」の部分を意識させる問いかけをおこないましょう。

返す答えが限定される問いかけをしてあげると、子ども自身の意識の先も明確になります。

「今日は何があったの？」という話を聞いてあげるときも、この５Ｗ１Ｈで聞いてあげると子どもは答えやすいし、説明がしやすくなります。

「今日は誰と遊んでいたの？」（誰が）
「体育の授業では、何をしたの？」（いつ・何を）
「ホームルームでは何を話し合ったの？」（いつ・何を）
「どうして問題になったの？」（なぜ）

といった具合ですね。

OK イメージを広げる問いかけ
「どんなものが見えそう？」「どんな音が聞こえそう？」「どんな雰囲気？」

視覚→聴覚→肌感覚の順番で聞いてあげることによって、場面をよりくっきりと鮮明に思い描かせることができます。まず視覚的な状況を思い起こし、聴覚でより具体的にその場の空気をつかみ、最後に、自分に引き寄せる肌感覚でイメージする。これは、第１章で説明した「映像化の力」を養うのにも非常に効果的です。多くの子どもが苦手にする詩や俳句、短歌も、この方法で理解がぐっと深まります。

OK アナザーアンサー（もう一つの答え）を求める
「他にはどんなことがあった？（どんなことを知ってる？）」「もっと教えて」

子どもからある答えが返ってきたときに、もう一段深く考えさせるフレーズであると同時に、声かけをしている親の側の、「子どもに対して関心がある」というメッセージを伝えるようなフレーズでもあります。

自分自身の体験をおしゃべりしているときでも、本やテレビの内容について声かけをおこなっているときでも同様です。

OK アナザーアンサー（もう一つの答え）を提示する
「あとは、こんな言いかたもあるよ」「他には、こんな考えかたもあるよ」

親の側から答えを押しつけてばかりではよくありませんが、子どもから出た答えを認めたうえで別の答えを示してあげたり、別の考えかたのヒントを与えてあげたりというのは有効です。

子どもの知識や思考力にはどうしても限界がありますから、お母さんやお父さんが、本人にとって少しだけ背伸びした知識、やや大人寄りの知識を教えてあげるのです。

もう少し違う表現を使ってほしいな、と思うような場合も同様です。

例えば子どもの「むかつく」という言い回しに、「何でもかんでも『むかつく』って、本当に子どもなんだから」と思って、実際にそんなふうに言ってしまうお母さんが意外と多いのです。「他に言葉を知らないわけ？ 幼稚で困っちゃうわね」というように。

子どもの答えを否定して、さらにおまけで責める言葉まで入れている。これはよくありません。

「腹が立ったってことだよね。イライラとはちょっと違う気持ちかな？ 他に何かぴったりくる言いかたはある？」というような声かけをしてあげると、子どもにとって考えはじめるきっかけになると思います。

OK **答えの選択肢をいくつか用意して、子どもに選ばせる**

「○○と××、どっちだと思う？」「この中だと、どれが一番よさそう？」

子どもが答えに窮している場合、または子どもが答えづらい問いかけをする場合、こちらからいくつかの選択肢を与えて、そこから答えを選ばせるというのはよい方法です。

「これが正解よ」と言わんばかりに親が答えを与えてしまうのではなく、あくまでも子どもから答えを引き出してあげるのが上手な「声かけ」のやりかたです。

子どもが選んだ答えを口にしたら、「そうそう。その言葉がぴったりだね。どうして、それを選ぼうと思ったの？」「なぜ、そう思えたの？」と、その内容をさらに掘り下げてあげるといいでしょう。

ちなみに、「どうして、それを選んだの？」「なぜ、そう思ったの？」と聞くのとは、ずいぶんニュアンスが違ってきます。この聞きかただと、責められているように感じさせる可能性がありますね。「選ぼうと思ったの？」「思えたの？」というのが上手な聞きかたです。

OK 裏の意味、別の側面を意識させる
「○○○ということは、×××ということでもあるね」

国語の読解では「ものごとを対比的にとらえる視点」というのが絶対的に必要です。第1章で説明した二元思考（28ページ）のことです。

これを身につけるためには、常に裏の意味、もう一つの意味を意識できるようなやりとりをしてあげたいですね。

例えば、自動車の生産台数が1年間で30パーセント減ったというニュースがあったなら、「ということは、去年はもっと多く自動車が売れていたということだよね」「自動車の売上

が減った一方で、伸びているものには何があるんだろう？」というように話を振ってあげる。または、白鳥がこの冬も日本にやってきましたという話題なら、「じゃあ、日本にいない時期はどこにいるんだろうね？」という問いかけをしてみる。

できごとには必ず、それと裏表の関係にある「もう一つの意味」「もう一つの側面」がありますね。それに目を向けさせる練習を常日頃から心がけておくことは国語力を伸ばすのに非常に有効です。

OK ものごとの「違い」と「共通点」を問う
「○○と××は、どういうところが違うの？」「○○と××の共通点はある？」

第1章で、「思考は、ものごとに『引っかかり』を覚えることから広がっていく。世の中に存在するできごとやものごとの微差に気づき、『引っかかり』を認識できる子は、考えるきっかけをより多く持つことができるのだ」というようなお話をしました。

ものごとの「違い」と「共通点」を常に意識することは、この「引っかかり」から思考を広げることです。

二元思考にも通じますが、ものごとの「違い」と「共通点」に気づくことのできる視点は、国語の読解をしていくうえで非常に役に立ちます。また、ものごとの微差に気づける力は語彙力の強化にも結びつきますので、表現力のベースになります。

OK

理由をたずねる、理由について考えさせる
「なぜ、そう思ったの？」「どうして、こうなったんだと思う？」

ものごとの理由は必ず「過去」にありますから、理由を答えられるかどうかは、ものごとを時間の流れに沿ってとらえる力にかかってきます。

ささいなことでも、その理由について考えさせることは、ものごとを因果関係でとらえる思考の訓練になります。国語のテストでも理由を問われる設問は必ず出題されますから、素早く答えの予測をつけられる力につなげるためにも、普段からこの因果関係を意識する思考に慣れさせておきたいところです。

OK

先々を予想させる問いかけ
「このあと、どうなるんだろうね？」「○○になったら、どんな感じだと思う？」

国語では、先を予測する力というのも大きな力になります。文章を読むのが速くてポイントを押さえられる子は、出だしの内容を読んだ時点から、その先を予想しているのです。その文章の先にどういったことが起きそうか。書いてある内容を受けて、筆者は最終的に

どんな主張をしそうか。国語が苦手な子は、それができないのです。

予想するというのは、過去の経験をベースに推測する力ですよね。できる子は、先のことを聞かれた瞬間、条件反射的に自分の中に蓄積された過去の経験や知識を引き出し、それを総合させて「きっと、こうだろう」という予想を生み出しています。

この力を育てるためには、日常生活の中でも「このあと、どうなるんだろうね？」と先のことに思いを至らせる声かけをしていただきたいと思います。これが、自分の経験や知識の蓄積を引き出して先のことを予想する練習になります。

「このお話、続きはどうなると思う？」「転校生の子と、仲よくやっていけそう？」……内容は何でもＯＫです。

OK

立場を変えてものごとを考える問いかけ
「この人は、どんな気持ちかな？」「あなたが○○○だったら、どう思う？」

自分とは違う視点に立ってものごとを考える練習も、日常生活の中でしておいたほうがいいでしょう。これができる子は、国語の読解力が伸びることはもちろん、人間社会においての他者とのかかわりかたが違ってきます。

ある日、子どもが友達とケンカをして、興奮しながら帰ってきたとしましょう。

「○○ちゃんなんか大嫌い。もう絶交だよ」。よくよく話を聞いてみると、ちょっとした思い違いから○○ちゃんが仲間外れにされたと誤解して気分を害し、売り言葉に買い言葉のようなケンカになってしまったようです。

そこで、子どもの気持ちに寄り添いつつも、「それは大変だったね。嫌な気分になったでしょう。でも○○ちゃんはどうして、そんなことを言っちゃったんだろうね？　いつも仲がいいのに、不思議だね」「友達にそんなこと言われたら、どんな感じだろうね？　あなただったら、どんな気持ちになる？」……このような発問をしてあげましょう。そうすることで、「う～ん、○○ちゃんが怒っちゃうのも、しかたがないかも」という、新たな気づきが芽生えやすくなります。

別の例としては、「いま、ママがどういう気持ちだかわかる？」「そう言ったら、パパはどんなことを思いそう？」、または本を読んだりテレビを見たりしているときに、「この人はどういう気持ちだろうね？」と、他人の立場に立ち自分以外の視点からものごとを考えさせるような問いかけをしてみるのもいいでしょう。

こういった体験を重ねている子は、登場人物の心情をつかむことができるため、本格的な小説でも楽しんで読むことができます。そうして、読書体験を通じてさらに豊かな心情経験を重ねることができるのです。携帯小説やライトノベルなど、自分に引き寄せた一つの視点だけで読めてしまう、浅い内容の文章だけに親しんでいる子と、本格小説でもそれぞれの登場人物の視点に立って読んでいける子とでは、国語の成績はもちろん、社会で求められるスキルにも差が出てきます。

　いろいろな人の立場に立ってみて感じる、考える。生活の中でそういう習慣を身につけておくことは非常に大事です。ビジネスの世界では、企業内部の研修として、お客様役とスタッフ役に分かれてロールプレイングをおこなうことも多いですね。いろいろな人の立場に立ってみるには、実際に演じてみるのが一番の方法だということです。

　生活の中でも、具体的な場面で自分以外の人の気持ちを考えてみることは、国語力の成長を支えるために欠かせない経験だといえます。

OK ほめる、認める
「よくわかったね」「すごいね」「なるほどね」「よかったね」「ありがとう」

　すでに7か条の項でお話ししたことですが、「声かけ」のキモとなる非常に重要なフレーズなので、最後にもう一度だけ、簡単に説明します。

　子どもの答えをほめてあげる、認めてあげるフレーズは、出し惜しみせずにどんどん口にしていきましょう。

また、「がんばっている姿を見たら、お母さんもうれしくなっちゃう」「いろいろ話してくれるから、お母さん楽しいわ」など、親自身がうれしい、楽しい、わくわくするといった明るい感情になっていることを伝えてあげるのも、実は、ほめ言葉になるのです。

自分の行動で、お母さん、お父さんがうれしい気分になっているということは、子どもにとって自分自身が認められたと思える大切な瞬間です。

国語力アップに直結する発話テクニックとは別のものですが、子どもの学ぶ力、自ら伸びる力の肥料になるのが、これらの言葉です。できるだけたくさん使ってあげてください。

子どものやる気をダウンさせる「声かけ」NGフレーズ

日常的に声かけをおこなっていくうえで、「こんな物言いはしないように気をつけてくださいね」と言っておかなければならない注意事項があります。

子どもがせっかく自分なりの言葉で表現しようとしているのに、それを頭ごなしに否定されたり、切り捨てられたりしたら、少なからずのショックを受けてしまいますよね。その結果、思考のサイクルや表現への意欲も断たれてしまうことになります。

まとまりがなくてもいいんです。本人の言葉で言わせて、それをいったん無条件に受け止めてあげることが大切なのです。

これから挙げる言いかたは、子どもの考える力を阻み、好奇心・向上心を削《そ》いで、学ぶ意欲を低下させる「NGフレーズ」です。感情的になるとつい発してしまいがちな言葉なので、普段から気をつけるようにしていただきたいと思います。

NG 押しつける
「それはいいから、こっちをやりなさい」「答えは○○○でしょう」

NG 切り捨てる
「どうして？って、そういうものなのよ」「そんなこと、お母さんも知らないわ」

NG 「ダメ」と言う
「その答えじゃダメね」「ゲームばっかりしていちゃダメ！」

NG 子どもの答えを否定する
「それは違うわよ」「そんなんじゃ、全然わからない」

NG **けなす・ばかにする・責める**
「どうして、こんなこともわからないの？」「本当に子どもなんだから」

NG **大人のリズム・感覚を押しつける**
「早く答えて」「まだ思いつかないの？」
「もっと、はっきり（まとまりよく）話して」

NG **話がコロコロ変わる、会話に一貫した流れがない**
「○○は終わった？　あっ、それよりも××は？」

ただし、ＮＧワードは言葉そのものだけでＮＧになるのではありません。どんな表情、どんな口調で言っているのかによって、ＮＧにもなれば、ＯＫにもなることがあります。
例えば、「もっと、はっきり話して」ということも、イライラした表情で突き放すように言ってしまえば、子どもは萎縮するばかり。頭の中のイメージが急速に縮んでしまうので、言葉が何も出てこなくなってしまいます。

一方、穏やかな表情で、柔らかい口調で「もう少し言葉を足して、具体的に話してよ」と語りかけるなら、それは「お母さん、あなたの話をもっと聞きたいわ」というメッセージを伝えることになりますから、もちろんOKワードになりますね。

押しつけ、抑えつけようとするとNGワード、認め、引き出そうとするならOKワードになるということですね。

声かけの基本は「聞いてあげる」こと

「今日、休み時間にドッジボールをしてね。勝ってね。○○くんが転んじゃったんだけど、××くんが活躍して、僕も二人やっつけたんだよ」

こんなふうに一見まとまりのないおしゃべりでも、「それじゃ意味がわからないわ」と言ってしまってはいけません。「もういいから、先に宿題をしちゃいなさいね」と言いたくなることもあるでしょう。

そのときに、「そうか、そうか。すごいじゃない。明日もドッジボールで遊べるように、宿題もちゃんとしようね」と、ほんの30秒の「声かけ」をはさんで建設的なコミュニケーションを生み出していくことが大切です。

ドッジボールで楽しかった話をして、誰と誰をやっつけたということも言えて、それをしっかり聞いてもらえた。これによって得られるものは、**「この人は自分の話を聞いてくれるんだ。話したいことを話してもいいんだ」という安心感、自己肯定感**です。親と子の間に築かれる信頼感とは、まさにこれなのですね。

表現力を高めるためには、まず、頭の中にあることを口に出してもらう必要があるのです。**上手には話せなくても大丈夫なんだ、お話ししていいんだという安心感があってはじめて、子どもは自分を表現してくれます。そして、その自己表現を繰り返すことによって、他者への伝えかた、つまり「表現力」といわれる力が身についてきます。**

表現力が乏しい子は、小さい頃にお母さんやお父さんに自分の話を聞いてもらえなかったというケースが多いのです。自分のお話に耳を傾けてもらえず、次の行動ばかりを要求される子も、そういう状態に陥りがちですね。

子どもは、聞いてもらえないことは言わなくなります。言わなくなると、周りを見なくなる、自分の世界だけを大事にするようになる。人に伝えることがなければ、できごとから何かを感じ取る必要がなくなってしまいます。身の回りのさまざまなできごとや、他者への関心がどんどん薄れてしまうのです。

おもしろい話で人を笑わせるお笑い芸人は、すごく刺激に富んだ日常を生きているように見えます。普通の人は、「そんなにおもしろいことには、そうそう出会わないよ」と思ってしまいますね。でも実はそうではなくて、日常にあるさまざまなできごとのおもしろさに鋭敏に気づく力があるということなのです。

なぜ気づけるかというと、「人にしゃべりたい」というモチベーションが土台としてあるからです。このモチベーションは、笑って聞いてもらえるという自信、安心感がもとになっています。だからしゃべりのネタにできるできごとを常に探していますし、わずかでも引っかかりを感じたことに対して、もう一歩深く考えることができるのです。その思考の中で、どこを強調したらもっと笑いがとれるのか、そのネタが持つ〝おもしろみ〟をつきつめていくのですね。

聞いてもらえる喜びを知っているから、しゃべりたいという気持ちがわいてくる。しゃべりたいから、ネタを探せる。自分から探せるから、どんどん世界は広がる。子どもも同じです。「帰ってパパやママに話したいな」という気持ちがある子は、無意識のうちにたくさんのできごとを〝発見〟しているのです。

親の都合による否定や切り捨てで、「発見する→考える→話す→また話したくなる→新たに発見する→もっと考える」という子どもが自ら伸びるサイクルを止めてしまうのは、あまりにももったいないことだと思いませんか？

とにかく、**子どもの話をすべて聞いてあげる。受け止めて、肯定してあげる。**これによって、何でも話していいんだという安心感を与える。これが、「声かけ」をおこなう際の大前提になります。「OKフレーズ」の項で紹介したような言い回しの技術が必要になるのは、そのあとです。

こんなときには、どう「声かけ」したらいい？

実際に「声かけ」をおこなっていくうえで、「こんなときは、どんなふうに声をかけたらいい？」と迷ってしまう場面に遭遇することもあるはずです。そこでこの項では、想定されるお悩みごとに解決策のヒントをお話ししていきたいと思います。

Q 発問を何度も何度も繰り返すうちに、子どもが混乱してしまいそうです。また、「声かけ」をわずらわしがったり、ちょっと嫌がってしまったりするような場合には、どのように会話したらいいですか？

A 発問を向けられれば、そのつど頭を使って考えなければいけないので、子どもだって疲れてしまいます。「今日、何があったの？」「いつもと何か違いはあった？」「今日はどうしていつもと違ったんだろうね？」「そこで何を感じたの？」「○○ちゃんの立場だったらどうかな」……と、延々と続けても、中学生、高校生ならともかく、小学校低学年や中学年の段階では、頭の中がこんがらがってしまいますね。きっと、何の話をしているのか、途中でわからなくなってしまうでしょう。

なので、**問いかけだけをひたすら続けるのではなく、随所、随所で親の側がそれまでの会話の起承転結をまとめて、説明してあげる**必要があると思います。こうして、一度まとまった文の形として示してあげることで、単語が細切れになっているような表現でなく、主語と述語が整った文章にしてまとめて話す力、長い文章を話す力もついてきます。

そもそも、発問は問いただすことが目的なのではありません。おしゃべりやコミュニケーションを楽しんでもらえる状態に導いて、そこから子どもの能力を引き出していくという手法です。それがうまくいっている限り、子どもは声をかけられることを喜んでくれるはずなのです。それをわずらわしがったり嫌がったりするということは、子どもの問題というよりも親自身の問題です。

問いただしになっていないか、自分の「声かけ」は余裕がないのではないかということを、一度振り返ってみてほしいと思います。

Q 子どもがゲームや漫画に夢中になっていて、「声かけ」をしてもそこから会話が広がっていきません。「ダメ」という言いかたはご法度だそうですが、ゲームは禁止したほうがよいでしょうか?

A いったんゲームをはじめてしまうと、どんなに柔らかく優しく声をかけても子どもの心に言葉は届きません。ゲームは、のめり込むように作られているからです。ですから、はじめる前に「4時になったらやめようね」というように枠を決めて約束しておくということが大事だと思います。ゲームに熱中しだしてからしゃかりきに「声かけ」を試みても、子どもにとってはわずらわしいばかりですから、コミュニケーションが悪化するだけです。

ゲームは、それ自体のおもしろさももちろんあるでしょうが、友達との共通の話題、コミュニケーションツールとして楽しんでおきたいという側面も無視できません。昔は友達と野球やドッジボールをやっていたけれど、それがゲームや漫画にすり替わっただけなんですね。それを完全に禁止してしまうのは、子どもにしてみたら「ひどい話」なのかもしれません。

だから、一定の範囲で認めてあげつつ、それに一日じゅう支配されてしまう状態が嬉しいのかどうか、ということを考えるチャンスを与えてあげましょう。

ほとんどの子どもは、ゲームや漫画が好きでも、「勉強もできるようになりたい」と言います。そこに近づくためにはどうしたらいいか、ゲームや漫画とのつきあいかたを応援してあげるスタンスをとるのがベストなのだと思います。

「声かけ」は、子どもがそれを拒否しているときには無理強いすべきではありません。ゲームや漫画に夢中になっている時間以外でかかわって、それらとのバランスを子どもなりに考えさせる方向に導いてあげましょう。親の思いだけで、頭ごなしにルールを押しつけないことです。

Q 気分に左右されて、つい、きつい言葉を発してしまうときがあるのですが……。

A その瞬間の感情で接してしまうことは、人間ですからもちろんありますね。そのときは、とにかく率直に謝ることです。その場ですぐには謝れなくても、なるべく早いうちに、**気持ちの勢いのままつい厳しくあたってしまったことを説明し、謝ってあげてください。**

中には、子どもに謝ることが、親の威厳を失うことにつながるのではないかと思われる方もいらっしゃるようです。また、家族だけに、改めて謝るのは気恥ずかしいという思いもあるかもしれませんね。

そもそも日本人は、自分が失敗したときに「すみません」と謝ることがあまり上手ではないようです。謝って済ませることが、むしろ軽い対応になるのではないかという意識があるのかもしれません。犯した失敗は、自分自身の問題として抱え込まなければいけない、そうすることではじめて反省といえるのだというような……。感情や自分の考えを表現するのが苦手といわれる日本人ですから、もともと謝り下手な部分があるのでしょうか。

ましてや子ども相手だと、自分が悪かったと思っていても、それを口に出して謝ることができない親が多いようです。しかし、人生経験の豊富な大人ならともかく、子どもにはきちんと口で言わないと伝わりません。

「なんだ、ママは自分の失敗は謝らないんだよな。ずるいよ大人って」ぐらいのことを思ってくれるなら、まだいいのです。

怖いのは、「どうして怒られたのかわからないけれど、でも、きっと僕が悪いんだ。これからは、必要ないことはしゃべらないでおこう」と、子どもの気持ちが萎縮してしまうことです。**こうなると、国語力はもちろんのこと、感情の成長力にも悪影響が出てしまいます**。ですから、やはり謝るべきときには率直に謝る姿勢を親として持ちたいですね。

「さっきは、感情的になっちゃってごめんね。あれは完全にお母さんが悪かった。ごめんなさい」

当然のことながら、ここで、「でも、あなたも口ごたえばかりするから、ついお母さんも言っちゃうんだよ」と子どもに責任転嫁をするのはよくありません。一見、謝っているようでも、実は子どもを叱っているというパターンになってしまいます。これは最悪です。叱ることが悪いのではありません。

謝るときは、きちんと謝る。そして子どもを諭《さと》す場合は、別の場面で、謝ることとは切り離して言い聞かせてあげなければいけません。

子どもに悪いことをしてしまったと思ったら、とにかく謝ってください。

人間、誰でも完璧ではない。誰でも失敗はするんだ。失敗してもちゃんと謝ればいいんだと思うことができれば、子どもにとっても楽です。失敗を恐れなくなりますから、国語力に限らず、子どものさまざまな能力を伸ばすうえでもプラスになります。

少し話が逸れますが、最近は「失敗するのが下手」な子どもが増えています。失敗を恐れて消極的になり、内にこもってしまうのです。また、自分が失敗したことを受け止められず、キレてしまう子も多いのです。

これは、周囲の大人が完璧を求めて、前もってあれこれと手を差し伸べる一方で、失敗したあとのフォローのしかたを教えてくれていないことが原因です。

大人も子どもの前ではへんに体裁を整えて完璧であろうとするし、周囲の評価を気にして、ときにはおびえている。親が自分の失敗を、「お父さん、やっちゃったよ～」と子どもに笑って見せてやれる瞬間がないのは、あまり健康的ではありませんね。

失敗するのが下手な親の姿を見て育つと、子ども自身が「やっちゃった」ときに、親と同じように体裁を取り繕《つくろ》って何もなかったような顔をしてみたり、その裏では、失敗した経験を消化できないままずるずると引きずってしまったりというようなことが起こります。

「上手な失敗のしかた」を上手に見せてあげられるということも、親の役割なのだと思います。

Q「子どもへの否定はしない」というのが声かけの大原則となっていますが、甘やかすばかりには、なってしまわないでしょうか。子どもの悪いところや改善すべき点を指摘するときには、どのようにしたらよいですか？

A もちろん叱るべきシーンがあれば叱って、悪いことと正しいことを諭してあげなければいけません。そのときは、**それがいけない理由を併せて説明してあげる**必要があります。

何のために、誰のために指摘するのかが子どもにとって納得できる限り、何を言っても大丈夫です。

ただし、欠点を指摘する際には、ダメな部分をあげつらうだけ、責めるだけで終わってしまうのはよくありません。いつも作文を書かない子ががんばって書いたときに、「やればできるじゃない。でも、字が汚いわね。もう少しきれいに書かなきゃダメよ」ではガッカリですね。**何か改善点があるときには、必ずほめるポイントを探して、それを最初に伝えてから。そして、改善点はできるだけ肯定的な言葉を選んで指摘してあげる**のが鉄則です。

「がんばって書いたのね。うん、会話がたくさん入っているから、友達の気持ちもよくわかるね。読んでいて楽しい気分になる、いい作文だと思うよ。あとは、もう少していねいな字で書いてくれたら、もっと読みやすくて言うことなしなんだけどなあ。惜しいよね」

といった具合です。

ただし、子ども自身が非常に意欲的で、「いま、自分の力をもっと伸ばしたいんだ」という意志がはっきりとある場合には、中途半端にほめなくとも、改善点の指摘だけで効果があったりします。

「○○ができるようになりたいって言ってたよね。その気持ちはどう？　変わっていない？　じゃあ、それができるようになるために、あえて言うわよ。ここところは、評価されないから直していったほうがいい。あなたが目標としていることを実現するには、ここところは変えていかないとね」というように。

このときも、「ここがダメだから」とか「これが全然できていないから」というようなネガティブな言い回しは避けたほうが効果的です。

「声かけ」は、自分で考える力を訓練するためのメソッドです。答えや考えかたを親が用意してあてがってあげる方法ではありませんので、甘やかしとはまったく別のものです。

Q こちらからの問いかけに対して、見当外れな答えばかり返ってきます。どのように誘導していけばよいでしょうか？

A こちらが期待した答えが返ってこないとき、「誘導しよう」という気持ちをまず捨ててください。必要なことは、**その「見当外れな答え」に至った子どもの思考プロセスを知ることです。**

「なぜ、○○○と思ったの？」「文章のどのあたりを読んで、×××と思ったの？」「なぜそう思ったのか、もう少し詳しく教えてくれる？」

というように問いかけを重ねながら、子どもがその答えに至るまでにめぐらせた考えを追っていきます。どのように考えて出てきた答えなのか、そのプロセスがわかれば、修正すべき点が見えてきます。「子どものことをもっと知りたい」という気持ちに立って、楽しみながら聞いてあげてください。

親が「見当外れ」と思っても、子どもにしてみれば一生懸命に導き出した自分なりの答えです。それを「何言ってるの」「そういうことじゃないでしょ」などと否定してしまうと、自分自身を否定されたような気分になり、その気持ちが根づいてしまいます。一生懸命取り組んだことはほめたうえで、より適切な表現を示してあげるといいでしょう。

表情とジェスチャーで「声かけ」の効果アップ

「声かけ」をしていくうえでは、言葉以外の要素も非常に大切になります。7か条に挙げた「笑顔」などの表情もそうですし、**声のトーン、うなずく、目を見る、身振り手振りなどの非言語コミュニケーションがとても重要な役割を果たします。**

「声かけ」のときに、「そうなの」「そうなんだ」「よかったね」といった共感の言葉と一緒に、親は大げさな表情、大げさな手の動きをしてあげるといいですね。

これには、感情とその表情、しぐさというものを一致させるという効果があります。また、言葉だけでなく身振り手振りが加われば視覚的なイメージが立ち上がりやすいので、ものごとを映像化してとらえる習慣がつきます。

もう一つ、笑顔にしても、うなずくにしても、身振り手振りにしても、子どもにとっては「いま、この人とコミュニケーションをとっているんだ」という気持ちが強く実感できる要素であるという側面があります。これは、築いた信頼関係の強化につながるのです。

言葉を話すときに手の動きを入れていくことは、とくに幼児や小学校低学年の子どもには強くおすすめします。

このように、国語力アップの「声かけ」では、豊かな表情とジェスチャーが効果を生みます。

「声かけ」では目線の外しかたが重要

会話をするときには相手の目を見ながら、というのはコミュニケーションの基本です。子どもへの声かけでも、それは同様です。

そして実は、「目線の外しかた」、こちらのほうが「目線の合わせかた」と同じくらいに重要なポイントになるのです。

子どもの目を見るタイミングは、**最初の「話しはじめ」と最後の「話し終わり」**。**そして、「重要なキーワードを話しているとき」**です。

問いかけをおこなって答えを待っている間もじっと見つめていたら子どもは萎縮してしまいますし、しゃべってくれている間じゅうずっと凝視されても、緊張して、しどろもどろになってしまいますね。

大人も子どもも、考えながら話しているとき、何かを思い出しているときには、目線は自然に相手から外れます。

そういうときには一緒に目線を外してあげて、子どもがこちらを向いたら、また目を合わせてあげる。このように**子どもの目の動きをよく観察して、よいタイミングで目線を外してあげることが大切です**。そうすることで、子どもには考えに集中したり、じっくりと場面イメージを思い起こしたりする余裕が生まれます。

まず、話しはじめに目を合わせる。会話の途中で、相手が考えているようなときには上手に目線を外しながら、伝えたいと思っていることを口にするポイントを見計らって目を合わせる。そして、話の最後も必ず目を合わせて終わる。これで、「あなたの話をちゃんと聞いているよ」ということが相手によく伝わります。

読書感想文が苦手な子どもに「声かけ」が効く

国語の課題として出される読書感想文を書くときにも、「声かけ」の技術は非常に有効です。

読書感想文を書くのが好きだという子は、ほとんどいませんね。感想を書いたら「これだけじゃ、足りない。思ったことをもっと書きなさい」と言われ、「とくに何も思いませんでした」「○○というお話でしたが、つまらなかったです」と正直な感想を書いたら「まじめにやりなさい！」と叱られる……。

子どもにとっては、本当に厄介《やっかい》なだけの課題です。

「読書感想文という言葉に惑《まど》わされるな」と、私は教室の子どもたちに教えています。つまり、「読書した感想だけを書くのが読書感想文なのではない。読書感想文とは、自己紹介文を書くものだ」と。

読書感想文と聞くと、その本についての文章を書かなければいけないような気がしてしまいますね。しかし、感想文は書評とはまったくの別物です。

その本を紹介する文章ではなくて、その本を読んだ自分自身の体験を紹介する文章。そ

これが読書感想文なのです。これを書くときに意識すべき点は、その本を読んだことで自分がどんな変化をしたのか、ということです。

「この話の、とくにここの部分に自分の気持ちが引っかかった」というところを文章にする。これは親の「声かけ」で引き出してあげることができます。

「どのあたりが印象に残った？」

「このあたりかな。主人公がリレーの選手に選ばれなかったところ」

「そこを読んでいるときに、どんなことを考えたの？」

「主人公の子、悔しいだろうなって思った」

「そこで悔しいだろうなと思ったのは、どうして？」

「だって、がんばってかけっこの練習してたのに、友達のほうが選手に選ばれたら悔しいじゃん」

「『悲しいだろうな』じゃなくて『悔しいだろうな』って思ったのは、どうして？」

「私だって、がんばったのにダメだったとき、悲しいっていうより悔しかったから。この前の書道コンクールのときに、がんばって練習したのに金賞に選ばれなくて悔しかった」

こういう話を引き出すことができたら、「それを書けばいいんだよ」と言ってあげましょう。これが読書感想文の書きかたです。

声かけのしかたはいろいろです。

「この本を読み終わって、どんな気持ちになった？」

「このお話を読んでいるときに、何か『あっ』って思ったところとか、『ああ、わかる、わかる』と思うような場面、あった？」

「この本を読んで、『自分と同じだ』って思った？　それとも『自分とは全然違うな』って思った？」

ひと言ずつでいいので、子どもの感じたことを引き出してあげましょう。

「何か感じたことはあった？」

「つまらなかった」

これでもいいのです。「つまらなかったから感想文に書くことが何もない」ではなく、その「つまらなかったことを感想文に書けばいい」のです。どうしてつまらなかったのか、どうしておもしろく感じられなかったのか。その部分を明らかにして、文章にする技術を教えてあげましょう。

このように、読書感想文の書きかたのコツをお母さんやお父さんが知っておいてあげると、「声かけ」もしやすいですし、次からはその「声かけ」のやりとりを思い出しながら一人でも感想文が書けるようになります。

学校はそれを教えずに「書け」というだけ。それでは子どもも困るでしょう。かくいう私も子どもの頃、読書感想文は大嫌いでしたから。

とくに学校推薦図書のような本の場合、押しつけの価値観が先に決まっているので、書き上げるべき結論や、子どもが読み取るべき結果は決まりきったものになってしまいがちです。あからじめ期待された優等生的な感想以外は評価さえされないようになっていますから、子どもにとってはおもしろくなくて当然でしょう。

「どうせ、このあたりのことを書いておけばいいんでしょう」という、冷めた打算で書き上げた感想文が「よくできました」と言われるわけですね。

「自分なりに読んでいいんだよ」と言われても、子どもは「嘘つけ！」と思っていますよね。現状、学校で課される読書感想文は、子どもの国語嫌い、読書嫌いを助長するマイナスの課題になっていると思います。

そういう意味でも、**読書感想文が苦手な子には「声かけ」で文章化する材料の見つけかたを教え、書きかたの「型」をしっかりと身につけさせる**ことで苦手意識を払拭してあげることが必要です。

学齢別「声かけ」アドバイス

最後に、「声かけ」をおこなう際の学齢別アドバイスを簡単にお話ししたいと思います。

《幼児期》

とにかく笑顔で接することです。この時期は、言葉や言い回しが豊富かどうかというのはまったく重要ではありません。

とにかく、感じたことを口に出していいんだという安心感を確実に植えつけてあげること。「自分なりの感じかた、考えかたをしていいんだよ」「そして、それをどんどん表現していいんだよ」ということを教えてあげるのがスタートになります。

《小学校低学年》

この時期は「待つこと」です。とくに低学年ですと、言葉の力そのものはまだ充分に身についていないことが多いと思います。言葉足らずでも、幼稚な表現でもいいから、本人なりに口に出す言葉を待ってあげましょう。

待ったあとに出てきた答えに対して、必要に応じて「それは、〇〇〇っていうことかな?」「こういう言いかたもあるよ」「こういう考えかたもあるよ」と教えてあげることで次第に思考が整理され、言葉数も増えていきます。

《小学校中~高学年》

この段階になったら、言い回しにもっと適切な表現はないかどうかも併せて考えさせてあげたいところです。

低学年ならば、「遊んでいるときに〇〇ちゃんが途中で帰って悲しかった」というお話に対して「そっか、悲しかったね。『悲しい』ということにもいろいろあるけど、そのときの気持ちは、もっと詳しく言うとどんなふうだった? 残念だったとか、すごく嫌だったとか、がっかりするとか、寂しいという言いかたもあるけど、どれが近いかな?」と、別の言いかたをいくつか提示しながら、選ばせてあげる方法が効果的です。

これが高学年の場合になると、「悲しいって、他にどんな言いかたを知ってる?」という聞きかたをできるだけたくさんして、子どもが自分の引き出しを開けるのを手伝ってあげるような「声かけ」をしていくとよいでしょう。

《中学生、高校生》

この本での「声かけ」はおもに小学生の子どもを想定していますが、投げかける言い回しのレベルを相応に上げれば中学生、高校生の考える力を伸ばすためのコミュニケーションにも応用できます。

ただし、自分の内面に触れられることに対する抵抗が必ず芽生えてくる時期ですから、あれこれと発問を繰り返すよりも、まずは親のほうから自分のことをしゃべってあげることです。

「この文章、お母さんが中学生のときに読んだわ。難しくてよくわからなかった記憶があるな……」などと、まず自分の話を振って、それから「あなたはどう?」と声をかけることで考えるきっかけを与えてあげましょう。この時期は、親の自己開示を先にするということが大事だと思います。

「声かけ」は親子間のコーチング

ここまで読んでいただいた中で、「『声かけ』という方法がよさそうなことはなんとなくわかったけれど、これって、小川先生の経験則でしかないんじゃないの?」という疑問をお持ちになった方もいらっしゃるかもしれません。

確かに、「声かけ」の具体的な手法については私の指導経験にもとづくメソッドではありますが、同時に、その効果については学術的にもきちんとした裏付けがあるのです。

生徒と講師の1対1の指導スタイルを研究していく過程で、私たちは、子どもの能力を引き出していくには心理学的な素養が必要であると気づきました。

そのため、SS－1には、豊富な「成功」支援の実績をお持ちの臨床心理学の先生が顧問についてくださっています。心理学者でありセラピストでいらっしゃる、横浜国立大学の堀之内《ほりのうち》高久《たかひさ》先生がその人です。

堀之内先生は、心理学の一体系であるNLP（神経言語プログラミング）やブリーフセラピー、認知行動療法など統合的な心理療法によって、人の変化を促すための技法開発の専門家です。

先生の信条は「自分で問題を解決する力を養う」こと。まさに、SS－1の発問応答の指導スタイルとみごとな親和性がありました。私は堀之内先生に師事し、数多くの心理学的知見を先生から教えていただいて、生徒の指導にも応用してきたのです。

ここまでに紹介してきた「声かけ」の具体例の中にも、心理療法の臨床成果をあげているノウハウがふんだんに盛り込まれています。なにげない言葉の組み立てに見えて、実はその背景には膨大な臨床データの裏付けがあります。だから、「声かけ」が効くのです。

この本で提唱している「声かけ」は、いわば「親子間コーチング」と言ってもいいでしょう。その手法には、充分な信頼に足る心理学的な根拠があることを、最後に付け加えておきたいと思います。

第3章

「声かけ」の効果がもっと上がる！生活習慣

子どもの意欲の芽を育み、自ら学ぶ力を伸ばすためには
家庭という「土壌」を豊かなものにすることが必要不可欠です。
ここまで紹介してきた「声かけ」メソッドを生かして、
より効果的に国語力、学力をアップさせるために、
「声かけ」と同時に親子で心がけたい生活習慣を集めました。

子どもの国語力が伸びる生活環境とは？

現代は核家族化や地域コミュニケーションの衰退などにより、子どもがいろいろな世代の大人と話す機会が非常に限定されているということを第1章でお話ししました。

昔話をしてもらったり、会話の中に昔の言葉や古い言い回しなどの耳慣れない表現が出てきたりというような、未知の言葉との接触の機会が激減しているのですね。

また、テレビ、インターネット、携帯電話の普及で、国語力を養うのに最適な「読書」を習慣にする子どもが少なくなりました。子どもばかりか、大人たちでさえ本を読まなくなってしまったので、子どもが知識を得る機会がますます減っているのが現状です。

社会構造的な問題も含め、現代は、子どもの国語力を養えるような環境がどんどん失われています。

そこで、**家庭で子どもの国語力を伸ばす環境を意識的に整えてあげることが大切になってくる**のです。

では、具体的にはどんなことをしてあげればよいのでしょうか？

この章では、国語力をアップさせるための生活習慣についてのアドバイスをしていきたいと思います。

「できる子」の家庭の雰囲気に共通していること

ＳＳ－１では会員の方のお一人おひとりと毎月、面談を実施します。そのため、これまでに数多くの家庭の様子をうかがってきました。

できる子の親は、総じて子どもの話を聞けています。そして、面談で会話をしても、親御さんご自身のお話しされる内容や表現が整っているなと感じます。

一方で、注意力散漫なお子さんの親御さんは、お話がよくわからない、発言がまとまっていないことが多いのです。

教室での学習指導をスタートさせる前に、私たち講師陣と面談をするときは、ある程度構えて来校なさっているはず。そこでまとまりなくお話をするということは、日常的に、子どもに対してもその場その場の思いつきでまとまりのない会話を投げかけているということが予想されます。子どものなんらかの発言に対して、その内容をまるきり無視したような返事をするとか、「そんなことより、宿題が先でしょ」と言ってしまうようなコミュニケーションです。

ときには「宿題……」と言いかけたお子さんに、「その前に、玄関の靴をちゃんとそろえてきなさいよ」なんて言い放ってしまっているかもしれない。せっかく子どもが文を組んでいくチャンスなのに、そこは無視して、そのときの気分だけで言葉を返してしまっているような状態です。

もう一つは、家庭の雰囲気です。できる子どもの家庭は、共通して楽しそうな雰囲気があります。

これは、結局は「親が子どもを信じている」という部分が大きいと思います。

自分が信用されていると感じると、子どもはがんばります。逆に、子どもを信用できていない親御さんは、学習面にしても生活面にしても、無意識のうちに自分のやりかたや考えを押しつける形になりますので、結果的に子どもの意欲の芽が摘まれてしまいます。

そういうふうに過ごしてきた子どもは、そのうち何をするにも親の顔をうかがいながら行動するようになってしまうのです。

「親の顔色をうかがってしまう子」は力が伸びない

最近は、親の顔をうかがいながら行動する子が多くなっていると感じます。

それにはいろいろな要因があるのでしょうが、常に周りの評価を気にするような雰囲気の子は、親のかかわりかたに少し問題があるようなケースが多いようです。子どもが何かに取り組むプロセスについてはあまり関心を持たず、結果だけをつかまえて批判しているような傾向が強いのです。

そしてやはり、そんな家庭では、ほめる回数よりも叱る回数のほうが多い。かつ、親が自分の感情のままに叱っていることが多いようです。

結果的にそういう子は、自分がとっているプロセスに自信がないために、何かに対する答えを決められません。答えを決められないということは、決断できないということです。

自信がない子は決断力がなければ、答案作成力もないのです。

自分が「ある判断」をするまでのプロセスに自信を持てる子は、自分自身で決断していけます。その結果として答えが違った場合でも「今回は、なぜ間違えたのだろう?」と、その思考のプロセスを逆戻りすることでその原因を探っていけるのです。

考えるプロセスに自信がなく決断力がない子は、「なんとなく」だけで答えを書いてしまいます。その答えにバツがついても、「ああ、ダメだった」で終わってしまいます。そこからプロセスの修正もできないため、また自信が持てなくなるという悪循環に陥ってしまうようです。

国語力アップ！のための3つの意識

では、子どもの国語力を伸ばす環境はどのように整えていけばいいのでしょうか。生活習慣としての具体的な方法を紹介する前に、まずは、親子で心がけたい「3つの意識」から説明していきたいと思います。

国語力アップ！への意識1 知的好奇心を持ち、「知ること」を楽しむ

まずは、子ども以前に親自身が知的好奇心を持っていることが重要です。新聞や雑誌を読んだときでも、人の話を聞いたときでも、新しく何かを知ったときに、それを楽しいこととしてとらえる。親が「知る」ことを楽しんでいれば、その様子を子どもは感じ取ります。

例えば、はじめて見たこと、聞いたことを家族にお話しする。お父さんが読んでいる本の内容に、お母さんが、「それってどういうことなの？」と興味を持って聞いていく。お父さんも、子どもが何か習ってきたことを横から覗いて「おもしろそうなこと、やってる

なあ」と知りたがる。

そういう家庭というのは、やはり子ども自身も好奇心旺盛であることが多いのです。

好奇心が旺盛であれば、ジャンルを問わず、いろいろなことについての引き出しがどんどん増えていきます。また、ある意識が動き出すためのきっかけとなる言葉や知識を幅広く持つことができるようになります。

この、**意識が動き出すきっかけを「フック」と言いますが、これを多く持てることで、読める文章が広がっていきます。**

これが結果として、文章の理解力にもつながります。あらゆるものに好奇心を持っている子は、さまざまなものごとを結びつけて理解することがどんどんできるようになるので、「まったく読めない」という文章がほとんどなくなるのです。

「読んでいるうちにわからなくなる」ということを言う子どもは、この、ものごとを結びつけて考えることが苦手なようです。

例えば、「鬼ごっこ遊び」の内容からはじまり、途中から「社会には役割というものがあって」というような内容を挟んで、最後には「役割と多様な個性があることによって社会の発展が得られる」という結論になる説明文があるとしましょう。読んでいてわからなくなる子は、「鬼ごっこ」と「社会」が結びつかずに「意味がわかんない！」となってしまうのです。

ここで、「鬼ごっこ」「社会」「役割分担」「個性」という言葉の持つ意味合いやイメージを漠然とでも持っていれば、それぞれのキーワードの共通点にも目が行きますから、無理なく論の展開を追っていけます。たくさんのフックがある子は、これができるのですね。

知的好奇心が旺盛な親と一緒に「知る」ことを楽しんでいる子どもは、このフックを自然にたくさん持つことができます。

一つ、知的好奇心を簡単に刺激する方法をお教えしましょう。それは、**新聞や雑誌の書評欄を活用していくこと**です。

書評は新刊本のガイドのように見えて、実はさまざまなジャンルの専門家が、本をきっかけにその分野の最新事情を語っていたり、自身の主張したいことを端的に表現していたりする、すごくおいしいムックのような状態になっています。

普段はエンターテインメント的な小説にしか関心がない人でも、書評欄を読むことで「いまの脳科学は、こんなところまで解明されているんだ」「現代社会には、こんな問題もあるんだ」というように、政治・経済・科学・教養・文化・文芸といった各領域の最新のトレンドを総ざらいしていくことができます。

本当に、わずか30分ほど書評欄を読むだけで、なんだか物知りになれるような気分です。

いまは、ピンからキリまで膨大な本が世に出回っている「情報過多」な時代ですので、知的好奇心の入り口として、知識を広げる一つのきっかけとして、書評欄は非常に便利です。

国語力アップ！への意識2 多彩な言い回しを使って表現・言葉を楽しむ

日常的な言葉の中に**ことわざ、慣用句や比喩表現をたくさん取り入れておしゃべりする**ような家庭はいいですね。

例えば、家計簿をつけていて、「ああ、赤字だわ」という言葉が出たときに、そこから「もう首が回らないわよ」「火の車なのよ。ちょっと、お水持ってきて」などと続ける。親の口にする言葉は、子どもの国語的な感覚にダイレクトに影響します。教科書的な言葉だけでなく、周りの大人の生きた言葉を聞くことによって、子どもの感覚は広がっていくのです。

言葉を楽しむということでは、**親子の「しりとり遊び」がおすすめです。**頻繁にしりとり遊びをしている家庭の子どもは、言葉の感覚が鋭くなります。

しりとりではまず、知っている言葉数が増えますし、それに付随して知識も増えていきます。実際に口にすることで、言葉の持つリズム、語感も身につきます。また学習ではなく遊びですから、自由な発想力も養えます。

ただし、漫然としりとりを続けていると「りんご」→「ごりら」→「らくだ」→……と

2、3文字の簡単な単語の連続になってしまったり、返す言葉がパターン化してしまうということが起こりますね。そこで、親があえて少し難しい言葉や長い単語、「だんたい」「いっぽうつうこう」「うきよえ」……というような、子どもがすぐには思いつかないような言葉を投げてあげると刺激になります。

意識に上る言葉の数を増やしてあげることで語彙力が強化され、そのぶん、たくさんのフックも生まれる。これが言葉遊びの効果です。お母さん、お父さんにはぜひ日常的に意識していただきたい部分です。

国語力アップ！への意識3 **ものごとを、必ず「二つ以上の視点」から見る**

ものごとの見かたが固定的ではなく、いろいろな角度から見て考えることのできる家庭は、国語力を育むうえでは非常に有利です。

「自分にとっては○○だけれど、でも、相手にしてみたら××なことかもしれない」「○○だけど、別の角度から見たら××ということでも、△△ということでもあるね」というように、ものごとに対して複数の視点を持つことができる。

そして、自分とは異なる考えに対しても**「そういう見かたもあるんだね。なるほど」**という言葉が自然に出る家庭の子どもは、視野が広がります。「こうに決まっている」という思い込みで終わらずに自分のものの見かたや考えかたを再検証できる子は、学習面でも伸びるのです。

例えば、「介護福祉の現場は人手不足である」というニュースに接したときに、どんな解釈が思い浮かびますか？

「いまの若い人は忍耐力がなくて、しんどい仕事を嫌がるのかな」

「働き手にとっては、それくらい魅力を感じにくい職場環境・労働条件なのかもしれない」

「人手が足りないくらいに、介護を必要としている高齢者が増えているんだ」

「家族や親族で支えようというような、家庭の力が落ちてきているんだろうな」

「人手不足ということは、介護福祉サービスを必要としている人たちでも、それが受けられていないケースも多いのかもしれない」

さらにここから、

「本当は、いままでだってみんな困っていたのかもしれない。でも、それを社会の問題としてとらえることのできる時代に変わったんだ」

という見かただって、できますよね。

一つのものごとも、視点が変わればとらえかたも変わる。一つのものごとに複数の側面、複数の解釈があり得るのだということを知っている子は、国語の読解でも算数の文章題でもいろいろな見かたをし、より得点力のある状態を作り上げていきます。

子どもがこの力を養うには、最も身近で接しているお**母さん、お父さん自身が常日頃から「多面的なものの見かた」を示してあげること**が必要です。

先ほどの介護福祉のニュースを題材に例を挙げたように、**一つのものごとに対する解釈を5つ、6つと実際に口に出して聞かせてあげるのも一つの方法**です。題材は、ニュースの話題でも、ちょっとした身近なできごとでも何でもかまいません。

最終的には、**家族が一つの話題について思ったことを口々に言う時間をもつ**ことです。お父さんやお母さんが一方的に自分の考えを言い聞かせて終わり……、となるのでは効果はありません。子どもも、親も、それぞれが自分の視点からおしゃべりをする。こういう家庭だんらんを重ねる中で、多面的思考と国語力が育っていくのです。

国語力を育てる10の生活習慣

次に、習慣として毎日の生活に取り入れていただきたい、ちょっとした工夫をご紹介していきたいと思います。

学校や社会における教育力が低下している現在、子どもの教育では家庭の力が非常に重要となることは、すでに述べました。

子どもの国語力を育てるうえで、「声かけ」のテクニックが芽を伸ばすための水やりならば、家庭生活は、伸びようとする芽の根っこを守り支える土壌です。そして、その土壌に養分として必要なのが、ここに紹介する10の生活習慣だと考えてください。

家庭という土壌がしっかりしていて、成長のもととなるよい養分をたくさん含んでいれば、芽はたくましく育ちます。日々の水やりである「声かけ」のシャワーも効率的に吸収して、ぐんぐんと、まっすぐに伸びていきます。

ここに挙げる10の生活習慣は、私が個別指導講師としてのべ3000人の子どもたちとその家庭に接してきた中で実効性、重要性を実感しているものばかりです。ぜひ今日から取り入れていただきたいと思います。

国語力アップ!の習慣1　食事やテレビを家族で「囲む」

家族だんらんの時間は親子のコミュニケーションだけでなく、国語力を伸ばすという面で非常によい環境となります。食卓を囲む、テレビを囲む。内容は何でもよいのです。

家族の食事中にはテレビを消したほうがいいとおっしゃる先生もいらっしゃいますが、私は必ずしもそうとは思いません。**食事中にテレビがついていても、そこから「きっかけ」**

が生まれれば、それでいいのです。

ただし、テレビを囲むシーンに限定すれば、「家族みんながテレビに向かうだけ」の構図になるとよくありませんね。子どもにとっても、テレビは一方的に情報を発するだけのもので、発問応答の形には決してなりません。各人がテレビと一対一になるのではなく、テレビをきっかけに、お互いのほうを向いた会話があること。これが大事です。

食事どきにテレビがついていた。そこから家族の会話がはじまって、会話が盛り上がってきたのでテレビは消すことにした。そんな食卓は、明るく豊かだと思いませんか?

国語力アップ!の習慣2 「お出かけ」のすすめ

お散歩に行ったり、ちょっとの時間でも近くに遊びに出かけたりして、外に出かける機会が多い家庭では、国語力も伸びます。

それも、車での移動ではなく**「歩く」時間がある家庭の子は、表現力が豊かになる**傾向がある気がします。

子どもたちの話を聞いていると、自分が実際に行って、その場所に立って親子で何かした記憶というものを、とてもよく覚えているのです。しかし、乗り慣れている車に乗ってただ運ばれるだけということになると、国語力につながるような体験や刺激は薄くなるようです。

旅行やレジャーなどの遠出でも、近所へのちょっとしたお出かけでもそうです。実際に自分の手を動かし、足を動かし、周りを見て、周りの音を聞いて、そしてしゃべって……と、その場でじかに世界に触れていくという機会が、観察力や発見力を養い、視覚イメージのストックを増やし、知識や感情を豊かにすることにつながるのでしょう。

また、お出かけということで言えば、**山登りをする習慣のある家庭の子は学習面でもタフ**です。目標に向かって黙々と登り切る体験というものが、「難しい、わからない」と思ったときの、あと一歩の粘りにつながるのだろうという気がします。

国語って、真剣にやるとすごく疲れる科目ですよね。小学校くらいまでは「なんとなく」という勘だけでこなすことができても、中学校以降、とくに高校になっての現代文でつまずいてしまう子は多いです。自分にとって難しい文章を、あと一歩、読んでいくだけの気力がない。粘れない。

その、諦めないで粘っていく力というのは、家族のお出かけ先がショッピング中心の子どもより、山登りやキャンプなど自然の中に遊びに行くことが多い子どものほうが、強いように感じます。

国語力アップ！の習慣3

本をたくさん置いた本棚を親子で共有する

家に本が多いということも重要です。小難しい書物ばかりである必要はありません。とにかく、いろいろな本があって、子どもが〝引っかかり〟を覚える機会がたくさんある環境を作ってあげることが大事です。

さらに、リビングなど子どもと共有できる空間に本棚を置いて、その本棚から親の本を好きに手に取れる状態にしておくことを、ぜひおすすめします。

本棚に子どもの本と親の本が混在しているというのは、すごくいい状態なのです。子どもが実際にその本を読むかどうかは問題ではなく、**子どもがちょっと背伸びをして、大人の世界に関心を持たせるきっかけを作ってあげる**ことが大切なのです。

大人向けの難しい本の内容を理解することが必要なのではありません。

子どもが自分では選ばない本で、一段高い世界を覗く機会を与えてあげる。そこから、知識や関心が広がっていくのです。

文字ばかりの本に限らず、写真集やビジュアルムック、絵本、漫画など、何でもいいのです。もちろん健全な本に限りますが、本棚の共有によって子どもの知的好奇心を刺激することは、ぜひおすすめしたいと思います。

ある程度学年の上がった子どもの場合は、親子で読書体験を共にするのもいいコミュニケーションになりますし、国語力を伸ばすチャンスになります。親子で本を共有したことをきっかけに、「この本、読んでみたよ。結構おもしろいね」「お母さんは、あのシーンが一番よかったわ」「えー？　僕は最後のところかな」「そうなの？　最後のところで、どこがよかったの？　もう少し詳しく教えてよ」……というように、国語に直結するような「声かけ」を広げていくことができます。

本棚に関連するところで、補足として、整理整頓の習慣も大切です。あるべき場所にものが収納されている、一度取り出したとしてもまた元の場所に戻す、ということがきっちりなされている家庭のほうが、作文や記述式の設問において文章を仕上げていく場合に、文を整える力が高い子になりやすいのです。

国語力アップ！の習慣4　絵本や教科書を読み聞かせる

絵本の読み聞かせを実践しているお母さんは、いま非常に多くいらっしゃいます。もちろん、子どもの国語力を伸ばすという意味でも、読み聞かせは実に効果的です。

このときに「いろいろなお話を読んであげなければ」と、読む本を毎回違うものに替えたりしてがんばりすぎる必要はありません。

子どもは、自分の好きな絵本を何度も何度も読んでもらいたがります。

自分のよく知っているお話で、場面設定や登場人物を勝手に変えておしゃべりしたりすることが子どもにはありますね。これは完全に本の世界の中に入り込んでいる、とてもよい状態です。そこに書いてあることを楽しむのが目的なのではなく、すでに理解したものに再び接することで自由に想像を広げる段階があるのです。

読み聞かせの際、「あの絵本、読んで」という要求に、「それは昨日読んだでしょ？ 今日はこれにしましょう」というように無理に本を替えなくても大丈夫です。

ずっと同じ本しか読まないのがいいというわけではありませんが、何種類かの本に触れつつも、「もうこれ、10回目だね」という本があってもいいということです。

また、絵本の読み聞かせを、子どもが小学校に入ったあたりでぱたっとやめてしまうお母さんが多いようです。「絵本は卒業ね」と言って、絵本と読み聞かせを同時にやめてしまうパターンです。

しかし学年が上がれば、それだけ子どもが接する文章は難しくなっていきますから、いきなり読み聞かせをやめてしまうと、それ以降、子どもが本を読まなくなってしまう場合があります。絵本に限らなくとも、**教科書の文章でもいいので、一緒に読んであげる時間はぜひ確保してください。**

音読の宿題が出た場合にも、親が聞く側に回ってあげることはもちろんですが、ときには自分がお手本を示すように読んであげたりするのもいいでしょう。

「うちの子、文章を読めないんです」とおっしゃる親御さんは多いですが、子どもに読書をすすめるだけではなく、学年が上がっても本を通じた親子のかかわりあいを途切れさせないことが大切です。

国語力アップ！の習慣 5

お風呂タイムを活用しておしゃべり

子どもが小さい場合は、一緒に入るお風呂の時間が国語力を伸ばすチャンスになります。お風呂場は周りが隔絶されていて、かつ、スキンシップを図りながらリラックスした状態でおしゃべりができますから、映像イメージを呼び起こしやすいんですね。つまり、**国語力の素地となる映像化の力を養うのにとても適した場**なのです。

「今日はどんなことがあったの？」と、お話を聞いてあげる。そのときに、子どもは身振り手振りと言葉で説明します。それに対して、第2章で解説したような「声かけ」をおこなっていきましょう。

聞くほうもイメージを持ちやすいし、伝えるほうも実物や本などを使うことなく自分の中で組み立てた話として伝えなければいけないので、お風呂の時間での会話は、文章からイメージを立ち上げ、自分のイメージから文章にしていくという作業と密接なつながりがあります。

また、今日あったことをお風呂の中でおしゃべりしながら、「それ、お風呂を出たあとで調べようか」と、その後の時間にすることを投げかけるチャンスにもなりますね。お風呂からあがったら図鑑に直行！……なんて、楽しいと思いませんか？　お風呂の中で映像イメージを充分にかき立てられた子は、知的好奇心が存分に刺激されていますから、お風呂あがりの調べごとも喜んでやるものです。

毎日のお風呂タイムを、ぜひ、有効に活用していただきたいと思います。

国語力アップ！の習慣6　たくさんの視覚的イメージに触れる

折に触れて言及していますが、とにかく「イメージ（映像）を頭の中で思い描く力」というのが、国語の勝負を分けるとても大切な要素になります。そのためには、イメージの元となる映像のストックを多く持っておかないといけません。

ここでいう映像というのは、単に映画やテレビということではなくて、写真や絵画などもそうですね。言い換えれば、ビジュアルイメージです。

要は目から取り入れる視覚的イメージ全般ですから、街の風景を見るのも、自然の景色を眺めるのも、人の様子を見るのもその一種です。ということは、日頃歩く道を変えるということだけでも、また違ったイメージが得られることになりますね。

そして、**これらのビジュアルイメージの積み重ねが、ストックとなって、文章体験をするときに映像イメージを立ち上げる力となっていく**のです。

ちなみに、映像感度を高める声かけというものもあります。

例えば子どもと一緒に美術館に行ったとき――。ある絵を見たあとに、

「さっきの絵の右端って、花の絵が描いてあったんだっけ？　馬車の絵だったっけ？」

と、何気なしに尋ねるのです。

子どもは「えっ、そんなところまで覚えてないよ！」なんて言いながら、どんな絵だったかなあ？……と、先ほど見た絵を思い出そうとするでしょう。

この「思い出し」の瞬間がポイントです。絵を思い出そうとしたことで、その絵のイメージが記憶に残りやすくなるだけでなく、次に別の絵を見たときに無意識のうちに注意して見るようになるのです。

国語力アップ！の習慣 7　図鑑や絵事典を眺める

図鑑をワンセット用意して、本棚のいつでもすぐ手に取れる場所に置いておくこともおすすめです。

　または、子ども用の「絵事典」もいいでしょう。これは、たくさんの言葉一つひとつに挿絵がついていて、ビジュアルイメージと併せて言葉の意味を理解できる、そういうタイプの事典です。この本を使って親が子どもにどうかかわればいいのかという解説も載っていて、その使いかたどおりにやっていくと、確かに効果がありそうです。こういう本は、最近、複数の出版社から出されており、いずれも子どもの国語力強化の点で魅力的な作りになっています。

「季節の図鑑」というものもあって、「春」ならば、桜、つくし、モンシロチョウ、さらには桃の節句といった、その季節の動植物や行事がずらりと載っていて、それぞれに説明が付されています。現代の都会生活ではなかなか出会えない、季節を実感する風物を、そういった本を使って疑似体験することも人間社会、自然社会への理解を深めていくうえで役に立つでしょう。

　確かに自分の実体験にはなりませんが、**知らなかったことに触れ、写真や絵などのビジュアルとともに自分の中に取り込むのは、知識の強化として非常に有効**なことです。

　前述したとおり、図鑑や絵事典はたくさんの種類が出ていますから、そういう機会を与えてあげることは簡単にできますね。ただし、いくら立派な図鑑があっても、「じゃあ、読んでおきなさい。覚えなさい」では効果も半減です。〝お勉強〟にしてしまわずに、いかに楽しい体験として子どもに触れさせるかが重要です。

お母さん、お父さんが図鑑を一緒に見ながら、おしゃべりする。

「おみこしって、見たことないよね」とか、「お父さんのところはおみこしじゃなくて、『だんじり』っていってね。『だんじり』、この本に載ってるかな?」『かけ声は『おおさ、えいさ』って言うんだよ。でもそのあとに、なぜか『おおたの姉ちゃん、べっぴんさんや〜』ってかけ声があったなあ。あれって何なんだろうねえ?」「知らないよ〜。何それ? 変なの!」……。こんな会話を、どんどんしてみましょう。

図鑑や事典はあくまでも、きっかけでよいのです。そこから広がる話のほうに子どもが興味を持つことが、はるかに豊かな体験となります。〝お勉強〟のための道具としてではなく、ぜひこういう活用をしていただきたいと思います。

子どもが図鑑や事典を好きになるには、「いろんなことが載っているおもしろい本なんだ」と思えるかどうかがポイントです。

動物園に行った日には、「今日、動物園に何がいたっけ?」「ライオンさん、ゾウさん」「そういえば、ライオンさん、あの図鑑に載っていたよね」と言って、図鑑を開いてあげる。――このように子どもは、「自分の知っているものが載っている本」として図鑑を示されるほうが、「知らないことが載っている本」として見せられるよりも、はるかに喜んでページをめくりはじめます。

まずは**「自分の知ってるものが載ってる！　ここにもあった！」と得意な気持ちになるところからスタート**です。そうしていると、その周りにある自分の知らないものが気になってきます。「これは、なあに？」と言ってきたときが、知的好奇心がフル回転をしはじめたときです。

辞書や百科事典を読む子がいますね。これは、知っていることがたくさん載っているのがうれしくてその本に親しめる。そのうれしさがエンジンになって、さらに興味が広がっていく……という、とても子どもらしいシンプルな原理なのです。

国語力アップ！の習慣8　料理のお手伝いをさせる

子どもは、なにかとお膳立てされた中で生きていますから、大人が何をしているかは、見えているようで案外見えていないものです。ですから、親がやっていることで子どもにもできることは、手伝わせたほうが絶対にいいと思います。しかも、単に「そこ、お掃除しといて」「これを片づけて」というように内容を指示してやらせるのではなく、「一緒にやる」ということが大切です。

家事全般がそうなのですが、その中でもとくに、料理を一緒にやってみることはおすすめです。**料理をすると、「段取りを考える力」が身につきます。**

まずは、材料をそろえるところからはじまりますね。肉じゃがならば、じゃがいも、にんじん、玉ねぎ、牛肉、しらたき。野菜は皮がついたままの状態。牛肉は紙に包まれていて、しらたきは袋に入っています。それらの下ごしらえから料理として仕上がるまでの過程を、効率も考えながら段取りよく進めていかなければなりません。料理は、ものごとのプロセスを意識させる絶好の場になるのです。

先を予測して、段取りをつけることに慣れている子は、それが学習面でも生きてきます。勉強においても「どういう順番でやるのがいいのかな？」と、先を読みながら自分で道筋をつけていく力は重要です。

国語に限定して言えば、読解などでは全体の流れを意識しながら重要なポイントがどのあたりにきそうかを予測する力につながります。先を読むことに慣れている子は、勉強でも、一つ理解すれば一足飛びに答えが手に入るようになるわけです。

また、作文でも、書くための材料を整理し、そこから起承転結を考えてどこで何を書けばいいのかを組み立てる文章構成力として生きてきます。

「料理と国語の力が直結するわけはない」と感じられるかもしれません。

しかしすでにお話ししたとおり、国語で求められる力は、対人コミュニケーション能力として世間で求められる力と同じものです。料理をすることで実際的に養われる要素も、国語をはじめとする学習面で必要な要素と、根っこの部分は同じです。その力の出現のしかたが違うだけなのです。

最初はどうつながるかわからない材料たちが、それぞれ、話題や場面ごとに料理されていって、最後には、全体で一つにまとまった文章になる。文章と料理は、非常によく似ています。

ちなみに、普段の生活でファストフードばかりの子は、すぐに答えを欲しがって、間違うとすぐに諦めてしまう傾向にあるようです。注文すれば待たなくてもすぐに出てくる出来合いのものに慣れてしまうと、ものごとのプロセスを意識することからは遠ざかってしまいます。プロセスが見えなければ好奇心も刺激されませんので、自分でがんばって作ってみようという気持ちも生まれないでしょう。

そういう子は、できる子を見たときに、「どうして、できるようになったんだろう？」というふうには思わずに、「あの子は、最初からできるんだもん」と、もともとがそうであるかのように思いがちです。ものごとのプロセスに、はなから目が行かないのですね。最近、その傾向が子どもばかりでなく親世代にも拡大しつつあるように感じます。心配ですね。

国語力アップ！の習慣9

積み木やブロックなどで「見立ての遊び」をする

自分の手で形を作り上げる遊びも、効果的です。粘土遊びでもいいのですが、やりやすさという意味で積み木遊びや、LEGOなどのブロック玩具をおすすめします。

何もないところに造形を作っていって、何かに見立てるのが積み木遊びです。ただの四角を積み上げただけのような形でも、子どもは「学校、できたよ」と言って喜びます。その子にとっては、ちょうど学校の校舎のように見えるわけです。

これは、文章を読んだときにイメージを作っていくのとつながっています。あるものごとを決まった形でしか見られない子というのは、物語を読めないんですね。一方で、**さまざまな「見立ての遊び」ができる子は、やはり文章などを読んでいるときも、想像がうまい**ような気がします。

積み木遊びでは手も動かしますから、手を動かしながら何かの形を作っていくことによって、頭の中に構造を生んでいく、その力が鍛えられるのでしょう。

言葉自体を組み立てていくときも同じです。

記述力がある子は、言葉の部品を頭の中ではめていって、だいたいの文を作ります。料理とも通じるものがありますが、**自分で構造を整えていくことができる子は、頭の中で言葉のブロックを組み立てていくことができている**ことが多いのです。こういう子はやはり、作文も得意になっていくのです。

国語力アップ！の習慣10 読書をすることは絶対に必要

読書の習慣は、国語力を伸ばすためにはやはり必要不可欠です。

たくさんの言葉や表現を知るという意味でもそうですし、本を通じてさまざまな人間模様を知ることで、それまで知らなかった世の中が見えてくるということも重要な要素です。とくに小説や物語には、世の中のあらゆる価値観や、たくさんの人の人間性が集約されています。それらに豊富に触れていればそのぶんだけ、人間への理解も深まります。とくに、評価されてきた名作というものは、最も濃い形でそれが凝縮されています。主人公について感情移入をしながら、「自分だったらどうだろう？」ということを考えるきっかけにもなるでしょう。

実際にたくさんの子どもとその保護者に接していると、やはり**「できる子の親御さんは、習慣的に本を読んでいる」**ということがはっきりとわかります。

家にたくさんの本があって、親が子どもの目の前で本を読む時間があって、子どもにとって本や読書が日常の当たり前の風景になっている。本棚の項で述べたことにも重なりますが、小さいときからそのように育ってきた子は、やはり自分でも本を読みますし、知的好奇心が非常に旺盛なことが多いのです。

1歳、2歳くらいになると、子どもはすでに周りの大人のことがよく見えてきています。そのときにテレビしか見ていない親と、本を読んでいる親と、例えば同じ子がそれぞれの親に育てられたとしたら、確実に関心の対象は変わってきます。

絵本の読み聞かせだけしていればいい、学校推薦図書を買い与えればいい、という問題ではありません。親が本を読む姿を子どもが日常的に目にしていることで、本への関心や親しみが高まるのです。

単に長い文章を読むということならばインターネット上のウェブサイトでも可能ですが、発達段階の子どもたちにとっては、現在の電子メディアでは、書物を通じて得られるものを超えられないと思います。

とくに小学生くらいの子どもの場合、年齢に合わせた読み物を選ぶときにインターネットでは不便です。低年齢向けのストーリーでは単純な心情が描かれますが、年齢が上がっていくにつれて、複雑な心情が込められたものも読めるようになっていく段階があります。

しかし、ウェブに載っている読み物の場合、そういった段階というものも見えにくいですし、何よりネット上の情報は玉石混淆《こんこう》です。有害な情報や信頼度の低い情報も少なくありません。読みやすい文字のサイズ、書体、挿絵、レイアウト、便覧《べんらん》性、そして書かれている内容の水準の高さから「文字を読む」という行為自体のしやすさまで、表現手段として、電子メディアが書物の水準に到達するにはまだまだ時間がかかりそうです。

子どもが書物に親しめるように、お母さん、お父さんはぜひ「本を読んでいる姿」を見せてあげてほしいと思います。

学校推薦図書とのつきあいかた

読書習慣という話題から、しばしば子どもに読ませたい本としてすすめられる学校推薦図書とのつきあいかたについても少し触れておきます。

こう言ってしまうと身もフタもないのですが、学校推薦図書は大半が「おもしろくない」ので、それを無理に読ませようとしなくてもいいと思います。

なぜ学校がその本を推薦するかというと、その本の中に、学校として身につけてほしい道徳観や価値観が書かれているからです。とくに小学校、かつ公立校の場合は、「他人に優しい人でありなさい」「人助けをしなさい」「素直でありなさい」「家族や友達を大事にしなさい」といったことを伝えたいから、そのテキストとして読ませようとしているところがあります。

「本をきっかけに、さまざまなことを感じ取ってほしい」という思いではなく、ほとんどの場合、「こういうことを感じなさい。こういうことを思える人間になりなさい」という道徳観・価値観の強制になっているのです。

そして、子どもはちゃんとそれを感じ取っています。

「いい本だから読みなさい」と言われた推薦図書に書かれた道徳観・価値観を、子どもが決して受け入れたくないわけではなくても、お説教くさい意図が見えた時点でしらけてしまいますね。

一方的な価値観の押しつけになってはいないか？――子どもが「本ってつまらないものだ」と思ってしまわないように、そんなところに疑いを持ってあげる必要があると思います。

ただし、推薦図書はその学齢で読む作品としては完成度の高いものが多いですから、完全に無視するのももったいないですね。ですから、親が先に「友達を大事にしようっていう話みたいだけどさ。なかなか単純にそうとも言えないところもあって、自分のことに置き換えてみたらおもしろいかもよ」などと、退屈にならないための読みかたのアドバイスを前もってしてあげるといいかもしれません。

また、中学生以上になると、こだわりのある学校の場合、推薦図書に深い内容のものを持ってくる場合があります。答えが単純には出ないテーマの、ちょっと渋い名作などです。そういう作品は、子どもにとっても考えるものが多かったりもします。

親としては、学校推薦図書を無条件にありがたがるのではなく、**子どもが関心を寄せる内容かどうか、そのままでは関心を寄せないにしても、ひと声かけることで読む気を起こさせることができるかどうか**、といったことも考えながら選ぶようにしたいですね。

漫画とテレビの上手な活用法

「読書」という行為をよいものとしたときに、子どもたちの大好きな漫画やテレビはとかく悪者扱いされがちです。しかし、これらも使いようなのです。

まず、漫画は「挿絵がとても多い本」という認識で、どんどん活用してください。

とくに小学校低学年から中学年の時期に、「日本の歴史」「世界の歴史」「偉人の伝記」というような学習漫画で知識を増やすことは大いによいことだと思います。ふきだし内の台詞だけでなく説明的な文章を読ませるコマも多いので、とくに導入期にこういった漫画に親しむことは、活字を読むことへの慣れにもなるでしょう。

文字で解説されたら伝わりにくいものも、絵と一緒に表現されていればすぐにイメージ化できます。

「品質のいい鋼鉄を作るには、銑鉄に加えてスクラップを高温で溶かしていく。その際にコークスという純度の高い石炭を燃やして銑鉄《せんてつ》に含まれる不純物や酸素などを燃やしてなくしていく」

と、文章だけで見せられても、子どもにはなかなかわかるものではありません。それをビジュアル的な助けになる漫画で説明されたらちゃんと納得できますし、テストの説明文で似たようなテーマが出たときに「ああ、あの漫画で見たようなことかな」と文章理解がしやすくなります。

もちろん学習漫画に限らず、一般的なコミックを読むことも悪くはありません。ただ注意点として、**漫画よりも文字のメディアに多く接するようにしておく**ことは絶対に必要です。「漫画なら読めるけれど、文字ばかりの本は読めない」というようになってしまったらアウトですから。

なお、「これを読んでおけば、物知りになれるわよ」「漫画だから読めるでしょう」と、学習漫画を与えっぱなしにしてしまうのは避けましょう。

読書習慣などの項でもお伝えしましたが、**新しく知ったことを親とおしゃべりする時間が、子どもの国語力を伸ばしていきます。**どんなによい教育ツールでも、与えっぱなしでは効果が出てきません。親がひと手間かけるということ、かかわりを持つということが重要です。学習漫画を子どもが読んでいたら、その内容を教えてもらったり、横から覗いて一緒に楽しんだりするとよいでしょう。

テレビも同じです。番組を見ながら、親子でたくさん会話をしてください。この効果はすでに述べたとおりです。

NHKの教育番組を見せっぱなしにしておけば、知識は自然に身につくでしょうか。『週刊こどもニュース』を見せておいたら勝手に博識になってくれる？　決してそんなことはありません。自分で考える力がまだ充分に身についていなければ、子どもは自分の見たいようにしか見ませんから。もしかしたら「あの子の着ている服、かわいいな」と思って眺めているだけかもしれませんよ。

いずれにせよ、親からのかかわりを持つことを前提にする限り、視覚的イメージという大いなる手助けになるテレビや漫画はどんどん活用してよいと思います。

お父さんが子どもにしてあげたいこと

この本で紹介してきたような「声かけ」をお母さんが中心になっておこなう場合、お父さんもお母さんと同じようなトーンで声かけをすると、少々問題が起きてしまいます。

「声かけ」には心理的に寄り添う効果がありますから、母親の声かけで安心感を得た子どもが父親からも同じような声かけをされると、母親が二人いるような状態になってしまうのです。

いま、父親の育児参加が増えたことで、弊害も出てきていると聞きます。両親が一緒になって同じような接しかたで子育てに携わると、子どもにとっては父親が母親化した存在になってしまいます。

母親が二人いるのと同じような状態は、子どもの心理的自立に支障をきたします。**父性=突き放し自立を促す部分、母性=寄り添い守る部分、というそれぞれの役割は、発達段階にある子どもにとって必要**なのです。

お母さんが寄り添うような声かけなら、お父さんはストレートに、少し固めの内容で声かけをするなど、お母さんとお父さんとで会話の内容や声のトーンに違いをつけてください。役割を変えた声かけを心がけることが、子どもにとってのよりよい効果を生みます。

父親が母性の役割を、母親が父性の役割を果たしても構いませんが、この2つの役割を使い分けるということは、「声かけ」をおこなう際にぜひ注意していただきたいところです。

さて、お父さんが子どもと言葉のコミュニケーションをするときには、次に挙げるような「世の中のこと」を教える役割をぜひとも果たしていただきたいと思います。

家の外の世界のこと、組織や会社のこと、人間社会を動かすお金のこと。「子どもにはまだ早い」と思うようなことでも、噛み砕いてわかりやすくお話ししてあげてください。

これらのことが、国語の勉強においても少なからず役に立つのです。

◎社会常識を教えてあげる

子どもが小学校3、4年生くらいになったら、「世の中は資本主義で動いている」ということを親がきちんと伝えていく必要があります。家庭の中で、仕事をする人＝お父さんというイメージが強いなら、伝えるのはお父さんの役割です。

これは第1章でお話しした**「人間社会に関する知識」を強化することの一環**でもあります。日本人はお金の話をいやしいことだと敬遠しがちですが、現実に、日本も世界も貨幣経済で動いており、生産と消費によって成り立っているのだということを説明してあげてください。

世の中のビジネスというものが、どうやって成り立っているのか。貨幣経済というのは「価値の交換」です。お金と、それに見合うものを交換しながら、社会は動いています。

お父さんたちは、自分の会社が作っているものがどうしたら売れるかを考えたり、どうすれば自分たちのサービスに対してお金を払ってもらえるかに知恵を絞ったりしているということ。車もテレビもパソコンも、たくさんの会社のたくさんの人が集まって、技術と対価を交換しながら一つの商品を作り上げているのだということ。――子どもに、そういう話をどんどんしてあげてください。

たいがいの親御さんは、「子どもにそんなことを話しても難しくてきっとわからないだろう」と勝手に決めつけてしまうようです。でも、国語の試験ではそういう世の中のしくみを知っておかないとわからない文章も出てくるのです。そこで「ああ、お父さんがよく話しているようなことだ」と少しでも考える糸口があるか、それとも、まったくチンプンカンプンで読むことを放棄してしまうかが分かれます。

とくに中学受験を考えている家庭では、机の上の勉強だけでなく、そういう話題にも触れさせておく必要が大いにあるでしょう。

◎世の中の「生の情報」を教えてあげる

いま、学校での常識と社会常識とがずれてしまっているように感じることがあります。先生とまるで友達同士のように接することも許されるような風潮で、いまや目上の人に対するあいさつもできない、敬語も使えないという子どもはたくさんいます。

しかし、学校では許されるそんな関係も、社会では当然受け入れられません。目上の人に対する接しかたもわからないような人がビジネスの世界で引き立てられることはないのです。

常識、あいさつ、人間関係、敬語の大切さなど、そういったものが社会ではどれだけ重要になるか。そういうものを身につけていない人は出世もできないし認めてもらえないということを、現に社会に出ているお父さんが教えてあげてください。

共働きの家庭だったら、もちろんお母さんが語るのもいいでしょう。これは父親、母親の役割分担によります。しかし、お母さんが寄り添い受け入れてあげる側にいる場合、さらにお母さんが厳格に社会常識を語る役割も果たしてしまうと、子どもが、母親という存在に対して混乱する可能性があります。一般的な家庭なら、お父さんが外の社会を語る役目をしてあげることでいいと思います。

とくに受験生の場合、自分の発達段階よりも2、3学年ほど上のレベルの題材に取り組まないといけないので、**その子が置かれている状況よりも年齢層の高い世界を紹介しておくことは絶対に無駄にはなりません。**

道徳的な話ばかりではなく、例えばサラリーマンのお父さんだったら、組織内の妬《ねた》み、やっかみ、しがらみなどの話もしていいと思います。

特定の人の悪口はよくありませんが、たくさんの人間の、いろいろな感情、いろいろな利害関係が渦巻いているのが世の中というもので、そこには理不尽なこともたくさんあるんだということを知っておくのは、国語において、とくに文学作品を理解するうえで非常に有効です。学年が上がるにつれて、国語ではそういう文章がたくさん出てくるようになりますからね。

純粋培養できれいな夢と理想ばかり語られた子どもは、国語の題材となる作品の深さ、おもしろさに気づけないかもしれない。実際に文学作品のほとんどは、妬み、やっかみ、裏切り、人間不信、失望、自己嫌悪……といった重苦しいテーマのオンパレード。教科書で取り上げられる名作も、不幸の展覧会です。逆に言えば、それらが古今東西、人間の普遍的なテーマなのですね。

学校が語る、心穏やかに仲良くしていこうという道徳や幸福の裏側には、人間のどうしようもない性《さが》があるという事実を受け入れなければいけません。それを、父親自身が経験している社会の日常として教えてあげてほしいと思います。文章理解の糧になることは間違いありません。

もし可能ならば、お父さんの職場を子どもに見せてあげることもおすすめです。お父さんが毎日働いている場所に連れて行って、たくさんの大人たちが真剣に働いている空気を肌で感じさせるのです。家庭や、学校の雰囲気とはまるきり違う、子どもにとっては完全なる別世界です。

これまでにも繰り返し述べているように、子どもたちが出会う文章、学校やその他のテストなどで読まなければいけない文章というのは、彼、彼女がいまいる場所よりもちょっと広い世界が題材になっています。見知らぬ外の世界に触れさせて子どもの感性を刺激することは、第1章で述べた「人間社会に関する知識」や「映像化の力」をぐんと強化する経験になるでしょう。

◎ビジネスノウハウを伝授する

もう一つ、お父さんがビジネスシーンで実践している習慣を、子どもにもぜひ教えてあげてください。例えば次のような方法は、子どもの学習を支えるうえでも役に立つテクニックです。

・1日、1週間、1か月のスケジュール整理
・やるべきことを箇条書きにするＴｏＤｏリストの活用
・企画書、稟議《りんぎ》書、提案書の作りかた

・マインドマップ、マインドツリーなどでのアイディア発想&整理術 ……ほか

スケジューリングの力は、国語力に直結ということではありませんが、日々の学習を計画的に進めていくうえで役に立ちます。自分の状況を客観的に判断し、本当にやらなければいけないものを絞り込み、ものごとに優先順位をつけて、やらなくていいものを捨てていく作業ですね。ToDoリストなども同じでしょう。

国語って、いざ勉強しようと思うと、なんだか時間がかかりそうだからとついつい後回しになってしまう科目なのです。算数や理科は20分でも時間があればできそうだけれど、国語はなんとなく40分くらいはかけないと、きちんと勉強できないような気がしてしまう。勉強を漫然とこなしている子の場合、結局、時間がないからやらない!ということに陥りやすい科目です。

そんなふうに国語の勉強がおろそかになってしまいがちな子には、スケジュール整理術を伝授し、毎日の勉強に役立ててもらいましょう。大まかでもいいので1日、1週間、1か月の学習スケジュールや目標を設定すれば「この日は1時間を国語にあててじっくりやろう」という計画が立てられますね。

親子で一緒に曜日ごとのToDoリストを作ってみて、週末にお互いチェックし合うの

も楽しいかもしれません。

また、企画書や提案書の書式は、要約するうえでの文章構造そのものです。

とくに、通る企画書・提案書と、通らない提案書の一番の差は、タイトルや、その提案の要点をまとめる出だしの概要説明の部分に表れます。「何を提案しようとしているのか」が一読しただけでわからないといけませんし、その結果、どういった成果が期待できるのかもわかりやすく、説得力を持ってアピールできなければいけません。

企画書や提案書の論の展開は、国語の論説文の構造と、とてもよく似ています。

「私は○○を提案する。それは××と考えているからで、この提案を実現することでこんな利点がある。実際に、こういうデータや現状があり、それには私の提案する○○がこういう理由で有効だ。だから、この提案を通してほしい」という構造が、あるテーマを題材に著者の主張が展開されていく論説文の構造と非常によく似ていますね。論説文要約の雛形が、「いい提案書」「いい企画書」なのだと言っていいかもしれません。

「自分も国語がわからないので、子どもの勉強を見てあげられなくて……」とおっしゃるお父さんは多いのですが、オフィスワークの仕事をしている方は、だいたい国語ができるはずなのです。実際に、仕事のシーンで求められる能力のほとんどすべてが、国語の勉強で必要になる力なのですから。

例えば、子どもがおもちゃをほしがったときに「じゃあ、お父さんを説得するために企画書を作ってみて」なんて言ってみるのもいいかもしれません。子ども向けに簡単にアレンジした書式を示してあげながら、遊び感覚で一緒に楽しめるといいでしょう。

また、**アイディアを整理する技術として、マインドツリーやマインドマップといった方法に関心を持っていらっしゃる方は、それを子どもの勉強にもそのまま応用できます。**

作文の宿題が出たときなど、一緒にやってみると効果絶大です。とりあえず思いつくままに頭に浮かんだ言葉を紙いっぱいに書き広げていって、その言葉から連想するものをまた広げていって……。

それを眺めながら何を書くかを決めることは、ただ頭の中で考えを巡らすよりも子どもも楽しいでしょうし、より練り上げた構造の、よい作文が書けるようになります。

運動会についての作文を書きなさいという宿題が出たときに、書けない子は「一体何を書けばいいかな?」とウンウンうなって頭を抱え込んでしまうんですね。

そのときに、紙とペンを用意して、「この間の運動会といったら、一番最初に何を思い出す? 何でもいいから思いついたことを言ってみて」と声をかけてあげましょう。

「お弁当」。他にも、「リレー」「暑かった」「白組、負けちゃった」というように、思いつく言葉がいくつか出ますね。そこから、キーワードごとに「じゃあ、まずはお弁当。何かおいしいものが入ってたの？」と、声かけでネタを引き出しながら、出てきた言葉を放射状にどんどん書き足していきます。

「誰と食べたの？」「いつ食べたの？」「そのお弁当を食べているときに、何かあったの？」「じゃあ、次にリレーね。どんなことを思い出す？　何があったの？」と聞きながら、それぞれの言葉についてまたバーッと書き広げていく。

言葉が出そろったら、「これを見ながら、何か書けるんじゃない？」と言ってあげましょう。書く材料はすでにたくさん目の前に出ているので、書くことがわからなくて書けないという状態からは脱出していますね。

こんなふうに、ビジネスで使われている習慣はほとんど、子どもの勉強法にもそのまま転用できます。これらを大人だけのものにしておくのはもったいないですね。子どもの学ぶ力を伸ばすユニークな方法として、お父さんが伝授してあげてください。

第4章

テストの点数がアップする！国語学習法

しばしば、「国語は感性に左右される科目」だと言われます。「テクニックで学ばせることは、子どもの感じる力を阻害する」とも言われます。でも、それは本当でしょうか？

「読みかた」「解きかた」「書きかた」の技術を知ることは、苦手意識を吹き飛ばして「国語大好き！」になるための近道です。

国語は「感性の科目」か？

「うちの子は国語が苦手なんですが、算数や理科、社会と違って感性の科目なので、どんなふうに勉強を教えてあげたらいいか、わからないんです」

というご相談を、お母さん、お父さんからよく受けます。また、

「国語で問題を解くためのテクニックを教えるような勉強法は、子どもの感性を奪って、かえって力を阻害してしまうのでは？」

というふうに思われる方も少なくないようです。

しかし、ものごとを整理して見ていく技術を持っていることと、その技術しか使わずにものごとを見るかどうかは、まったくの別問題です。

必要に応じて書いてある内容を整理しながら読むときと、自分の好きな文章を感じるままに読むときがあっていいのです。

この章では、国語を得意科目に近づけるための勉強法と、国語の問題の解きかたのテクニックを解説していきます。「国語は感性の科目だから……」という思い込みを捨てて、お子さんの苦手意識解消への近道として読み進めていっていただきたいと思います。

「論理的」って、どういうこと？

さて、国語の学習指導において親を悩ませるのは、何といっても文章読解です。実際に、お父さん、お母さんも学生の頃には漫然と問題文を読み、「なんとなく」で答えを出していただけ……ということはありませんか？　「国語は感性の科目だ」とおっしゃる方は、とくにそうかもしれませんね。

しかしそれでは、子どもにとって効果的な教えかたをしてあげられないのは当然です。まず、国語の文章がどのように成り立っているのか、その「骨格」というものを理解していただくところからはじめたいと思います。

もしかしたら少々難しい内容に思われるかもしれませんが、以下の説明をなんとなくでも理解していれば、子どもにポイントを押さえた上手な教えかたをしてあげることができますので、がんばって読んでいただきたいと思います。

国語ではあらゆる分野についての文章が扱われます。前の章でお話ししたとおり、幅広い知識は、確実に国語読解力の強い土台となります。

知識量によって国語の読解力を上げようとするのであれば、「あらゆる科目について広く深く理解していくこと」が必要になりますが、現実的に、知識の強化だけで国語のあらゆる文章に対応していくことは合理的ではありませんし、子どもの場合はほぼ不可能でしょう。

国語の学習においては、人間社会全般への知識を増やすと同時に、文章を論理的に読み解いていく力を高めていくことも必要です。

この「論理的」という言葉は、必要以上に難しい印象を与えてしまいますね。子どもでなくとも、「うっ、もうダメ……」とさっそくギブアップしてしまいそうな、嫌なイメージを抱かれる方は多いかもしれません。

「論理的」という言葉は日常生活でもよく登場しますが、実はいま一つ意味がよくわからない言葉ではありませんか？

簡単に言うと、**「論理的」とは、他人から「どうして？」「納得いかないよ」「どこからその話が出てきたの？　つながりがないじゃない」なんて突っ込みを入れられずに聞き入れてもらえるかどうか**——ということです。

「なるほど！　それは納得！」と言ってもらえたら、その文章や話しかたは「論理的だ」ということになります。決して、難しい言葉や専門用語を使うことではありません。

国語の授業やテストでは、「筆者の主張を読み取る」だとか「理由を説明する」だとか「まとめて説明し直している部分を見つける」といったことをやらされますね。これは、**「論理的な文章」というものがどういった部品から成り立って、お互いがどのような関係で配列されているのか**を学んでいるのです。

こういった基本を知っておかないと、いくら良質の文章を読んでも、その文章がどのような構成になっているのかに気づくことができません。すると、せっかく一生懸命に文章を読んでも、文章構造を理解した経験にはならないため、別の文章を読むときの力にはつながらないのですね。

意見を述べたいというときには、その考えを引き起こしたできごとや事実、他人の考えなどの「きっかけ」が必ずあります。きっかけがなく考えが浮かんだ人は、モーゼやキリストなど「神の啓示」を受けた人か、真の天才か……。

とにかく通常は、なんらかのきっかけから、直感的に「こうじゃないか?」という意見や考えの〝種〟が生まれます。直感的に生まれた考えの〝種〟に言葉を足して整えていくと、一つのまとまった考え(=結論)が形作られていきます。この段階で、自分自身としてはすでに納得できているけれども、他人にそれをわかってもらうために、なぜそう言えるのかという「理由」を説明しなければなりません。

こういう理屈を先に知っておき、そして文章を読んでいくのです、すると、**どの段落が「きっかけ」を説明していて、どの段落が「結論」を述べていて、そしてどこに「理由」が書かれているのか**が見えてきます。というより、**それらを見るように意識する**のです。

そういう読みかたを積み重ねていくと、だんだんと「文章の形」が見えるようになってきます。文章の話題について、自分がまったく知識を持っていなかったとしても、筆者が何を言いたいのかがわかるようになってきます。

国語を難しくする「理由」の読み取り

ところが、その文章が何について述べられたもので、筆者かどんな意見・考えを持っているのかがわかっただけでは、文章の理解はまだまだ30パーセントほど、といったところです。一番難しい「理由」の理解が残っているからです。この**「理由」の読み取りが、国語を難しくしている最大の要因**なのです。

なぜ「理由」の読み取りが難しいのかというと、ズバリ、「理由は人それぞれ」だからです。

例を挙げて説明しましょう。

あなたが友人に食事に招かれた場面を考えてください。とても仲がよく、お互いに尊敬し合っている友人です。友人は料理が得意で、今日も腕によりをかけたメニューであなたをもてなしてくれました。目にも美しい料理を、友人は順々に、まるでレストランのように供してくれます。

友人はあなたの好みもよく知ってくれているだけに、どれもおいしく、あなたは最高に楽しい気分です。

魚介類が大好きなあなたに合わせ、メインディッシュには、オマール海老のソテーが出てきました。

ところが……、魚介類は大好物なあなたですが、オマール海老だけは苦手なのです。味がどうこうではなく、子どものときにオマール海老にまつわるとても嫌な体験があったからです。思い出すこともためらわれるほどに嫌な思い出ですから、友人にも話したことがありませんでした。とにかく、オマール海老だけは見るのも嫌なのです。

あなたなら、どうしますか？
A　友人が心をこめてもてなしてくれているのだから、がまんして食べる。
B　心の通じ合った友人同士なのだから、自分がオマール海老を苦手にしていることを率直に話して、でも今日の料理にとても満足していると心からの感謝を友人に伝える。

どちらを選んでも正解。どちらも間違いではありませんよね。

Aを選んだ人をAさんとしましょう。Aさんは、「よい友人関係とは、お互いが、相手にとって何が嬉しいのかを第一に考える関係であるべきだ」という考えの持ち主なのでしょう。そして、友人はできる限り自分のことを考えてもてなしてくれているのだから、ここは自分ががまんするのが当然だと考えたのですね。ちゃんとした「理由」です。

一方でBを選んだ人をBさんとすると、「よい友人関係とは、嬉しいことも悲しいことも嫌なことも、包み隠さず伝え合うことができる、心を開ききった関係のことだ」という考えの持ち主なのでしょう。そして、自分の思いを隠してがまんして食べることは、友人に対する裏切りだから、オマール海老が苦手であることを正直に伝えるのは当然だと考えたのです。これも、ちゃんとした「理由」ですね。

AさんもBさんも、それぞれにちゃんとした理由があって、それぞれにとって適切な結論を出したわけですが……。

Aさんが「友人」、Bさんが「あなた」だったらどうなるでしょう?

つまり、あなたは友人に対して、「本当にごめんなさい。言ってなかった私が悪いんだけれど、オマール海老だけは私、どうしても食べられないの。ごめんなさい。でも、今日の料理は本当においしいわ。何より、あなたの気持ちが嬉しい。ありがとう」と、伝えるわけです。それが、本当の友情だと思って。

友人は、複雑な気持ちです。あなたの気持ちもわかる気はしますが、でも、がんばって作った料理に手もつけないというのは、気配りの欠けた冷たい行動に映ります。「私は大切な友人だと思っていたけれど、もしかしたら私だけの思いすごしだったのかしら？」と心配になるかもしれません。

なぜなら、友人のAさんは、あなた（Bさん）がなぜ料理に手もつけようとしないのか、「理由がわからない」からです。

ここで「理由がわかる」ためには、「よい友人関係とは、嬉しいことも悲しいことも嫌なことも、包み隠さず伝え合うことができる、心を開ききった関係のことだ」という、あなたの（Bさんの）考えかたにAさんが気づく必要があります。

「気づく」、これがポイントです。

二人のこれまでの会話の中では、Bさんの「友情観」（友人というものに対する考えかた）を直接話すような場面はありませんでした。ですから、**相手の言動を理解するには、受け取り手の側で、相手の価値観や信念などに「気づく（汲み取る）」しかない**のです。

あらゆる文章は読み手を「限定」している

さて、国語の文章においても、いまの例とまったく同じことが起きています。理由の根本にある考えかたは説明されていないのです。小説でも、評論でも同じことです。考えや意見を述べる場合に、書き手は「わざわざ」自分の根本的な考えまで掘り下げて説明するようなことはしません。

直接述べられていないことを、受け手側が読み取る必要がある。これが、「理由」を理解することの難しさを生んでいるのです。

ここで復習しましょう。「論理的」とは、どういう意味だったでしょうか？

他人から、「どうして？」「納得いかないよ」「どこからその話が出てきたの？　つながりがよくわからないよ！」なんて突っ込みを入れられずに、聞き入れてもらえるということ——でしたね？

そうすると、論理的な文章を書くというのは大変なことだということに気づいていただけるでしょうか？

文章の書き手が、読者から「論理的な文章だ」と言ってもらうためには、読者にとって「なるほど、その理由ならこの結論は納得だ」と感じられる文章を書かなければなりません。考えかたは人それぞれ。理由として受け入れられる考えかたも、人それぞれ。そんな状況でどうやって、論理的な文章を書けばいいのでしょうか？

答えは、「読み手を限定してしまうこと」です。

文章の書き手は、「想定読者」を自分で勝手に決めてしまうのです。例えば、こんな感じです。

「日頃から日経新聞くらいは読んでいて、経済学や法律学についてもある程度の知識がある人。そして、会社経営に興味がある人」

「日本の近現代の有名な文学作品をたくさん読んでいて、川端康成や太宰治、夏目漱石などの作家については、その人となりも含めてある程度の知識がある人」

「（著者の考える）平均的な大学生」

そして、想定読者が読んだとしたら「なるほど」と納得してもらえるように、文章を書いていくのです。

ですから、自分が想定読者にぴったり当てはまっていたら、その文章はとても読みやすいに違いありません。

小学校高学年のときに読んだ『ズッコケ三人組』。高校生のときに読まされた『羅生門』。

大学受験で理系志望が決まった頃に読み漁《あさ》った「ブルーバックス」シリーズ。大学に入ってから読んだ『ノルウェイの森』や『アルジャーノンに花束を』。世の中のことを知りたくなって手を伸ばした、中沢新一、山崎正和、林望……。

小説、評論を問わず、読んでいて楽しい文章、少し難しいけれどなんとか理解ができて、読み終わったときには少し賢くなったような充実感を持つことができる文章に出会うことがあります。それは、あなたが文章の想定読者にぴったり当てはまっていたのですね。

では逆に、想定読者から外れてしまったらどうなるのでしょう？

そうです。**「この文章、何を言っているのか全然わからない！」という状態になる**のです。正確に言うと、何について書こうとしているのかはわかる。筆者が結論として言っていることが何かも読める。でも、なぜそんな結論につながるのかがわからない。――という状態です。

わからなくて当然です。読み手である自分自身にとって「当然」の考えかたと、筆者が想定している読者なら「当然」だと思うこととは、違うからです。

例えば、実際の大学入試問題から、こんな文章はいかがでしょう。

《……表現とは、第一義的にそうした感情発見の作業なのであり、外に相関物を作ることによって自己の内面を確認する営みであって、およそ、内部にある既知の何ものかを外に投げ出す仕事ではない。そのさい、人間の感情はおおむね外の世界にかかわる感情であるから、内部を明確化するということは、同時に、彼自身にとっての外界を明確化することにほかならない。……》（山崎正和『演技する精神』／東京大学／1985年度／第一問）

この文章が「わかる」には、

◎感情や思考などの人間の心理活動は、なんらかの刺激を受けることによって活動を開始する。

◎「刺激」には、何かを見たり、聞いたり、出会ったりすることで受ける、「外からの刺激」と、自分の心の中で考えたことや感じたことが新たな刺激となって、心理活動を促すという「内からの刺激」の2種類ある。

といったことを、もともと知っている必要があります。これらの知識を持っていることで、「人間の感情はおおむね外の世界にかかわる感情である」という部分をすんなりと受け入れることができるのです。

この部分で「なんで?」と思ってしまったら、もう前へは進めません。この続きの「内部を明確化するということは、同時に、彼自身にとっての外界を明確化することにほかならない」ということが、なぜそう言えるのか「理由がわからない」からです。

読んでいて「話が飛躍する」ように思えるとき

また、さっきまで述べられていた話から、急に別の話がはじまった気がすることもあるでしょう。これも同じことです。

書き手からすれば、関連している内容であることが〝当然〟わかるはずなので、いちいち文中で説明していないのです。例えば次の文章を読んでみてください。

《……新しい知識の獲得とは、空の箱に何か新しいものを投入するようなことではない。記憶と呼ばれるこの箱にはすでに様々な要素がいっぱい詰まっている。何らかの論理にしたがって整理された要素群の中に、さらに新しいものを追加する状況を想像しよう。そのままでは余分の空間がないから、既存の要素を並べ替えたり、場合によっては一部の知識を放棄しなければ、新しい要素は箱に詰め込めない。知識の欠如が問題なのではない。その反対に知識の過剰が正しい理解の邪魔をするのだ。

厳密な手続きを通して意識的に導く論証ならば、所与のデータに対して論理的な吟味が十分なされた後で結論が導き出されるという筋道をとる。しかし一般に人間の思考はそのような線形的展開を示さない。政治的テーマについて討論する場面を考えてみよう。相手の主張を最後まで虚心に聞ける人はまれで、相手は左翼なのか右翼なのか、味方なのか敵なのか、論者は信用に値するのか、それとも政府の御用学者なのかといった範疇化がすぐさま無意識に行われる。次に、こうして予め作られた思考枠を通して相手の主張が理解され、賛成の安堵感あるいは反対の怒りや抗弁が心の中に積み重ねられていく。……》（小坂井敏晶『常識を見直す難しさ』／早稲田大学商学部／２００４年度／第二問）

何の話をしているのかさっぱりわからない、と感じる人も多いでしょう。
この文章から目立つ表現を順に拾ってみると、このようになります。

新しい知識の獲得 → **整理された要素群** → **知識の過剰** → **論証** → **人間の思考**

↓ **政治的テーマ** → **範疇化** → **予め作られた思考枠**

枠内に色のついた表現が、ほぼ同じ内容を指しているということがわかるでしょうか？
わかる人は、読者にとって少しでも理解しやすい文章になるよう筆者が努力していることとに気づけるでしょう。

一方、枠内に色のついた表現がまったく別々の内容に見える人にとっては、チンプンカンプンな文章のはずです。でも、想定読者ならわかるのですね。

想定読者から外れてしまったらどうする？

ここまで「理由」の読み取りが難しくなるメカニズムを説明してきましたが、受験などの場合には「想定読者から外れていますね。残念、アウト！」では困りますよね。

実際、国語の入試問題に使われる文章は、受験生の年齢よりかなり上の年代を想定読者とした文章であることが普通なのです。では、どうしたらいいのでしょうか？

2通りの方法があります。

◎第一の方法

文章内容が理解できるようになることを目的とした方法です。

まず、読みこなさなければいけない文章が、どんなレベルの読者を想定しているのか確認します。そして、その文章が扱っている分野について、想定読者であれば当然知っているだろうと思われる知識を、ざざっと理解して覚えてしまいます。

ここでいう知識は、例えば歴史の年号のように一問一答的に暗記することが可能なものから、「最近の哲学分野では構造主義についての研究が再ブームになっている」といった、かなりの読書量があってはじめて知ることができる内容まで、さまざまなものを含みます。

ですから、必要な知識を覚えていくにあたっては、いま知りたい分野についての事情に詳しい指導者を持つことが望ましいでしょう。

身近なところに読書家で博学な人がいれば、その人に助言してもらえばいいでしょうし、学校の先生や塾・予備校の先生なども助けてくれることがあるでしょう。

この方法は正攻法ではありますが、入試の問題文がテーマとして扱いそうな全ジャンルをカバーするのはあまりにも大変で、受験の対策としては少々ロスが大きいやりかただとも言えます。

◎第二の方法

部分点ねらいで国語の問題をなんとか解いていくことを目的とした方法です。

極端に言ってしまえば、「文章を理解することをあきらめてしまう」のです。その代わりに、設問の研究を徹底的におこないます。

①何を求めている問題か
②文章のどの部分を活用すればいいのか
③どんなレベルまで掘り下げた解答を求めているのか
④どのレベルの表現力を求めているのか

このうち、③と④を万全におこなおうとすれば、文章内容の理解が必要不可欠です。しかし、①と②は傍線部と設問とを読み、関係のありそうな言葉を手がかりに文章内を探していくことで、解決可能です。

設問が求めている方向の解答であり、本文の表現をふまえたものになっていれば、まったくのゼロ評価ということはまずありません（もちろん記号問題は正解か不正解かの二者択一ですから、ここでの話は記述問題にしぼっています）。

うまくすれば、文章の内容があまりよくわかっていないのに、とりあえず解答としてはマルがもらえた、なんてことも珍しくありません。

この第二の方法は、難関中学の入試問題、さらには大学の入試問題でも通用するやりかたです。

実際に私の生徒たちは、「文章は難しくてよくわからなかったけれど、なんとか答えは書けました」という報告をくれます。灘中学や開成中学に合格した中学受験生でも、東大や京大に合格した子もそう言っていますから、第二の方法が〝使える〟のは確かな話です。

文章をがんばって読み込んできたのに国語の成績が向上しないのであれば、第二の方法を学ぶ必要があるのでしょう。

一方、文章を読むのが嫌いであまり国語の勉強に力を入れていないのに、それなりに点数が取れてきたのであれば、意図したのか偶然かは別にして第二の方法が実行できているのだと思われます。そこに第一の方法を重ねていければ、よりいっそう学力を伸ばしていけるだろうということが予想されます。

小学校4年生からの壁

少々難しい題材を使った解説が続いてしまいましたが、通常の小学国語のレベルでしたら、ここまでのお話は大筋を把握していただくだけで大丈夫です。

では、「国語の点数を上げるための勉強法」ということにテーマを戻しましょう。

小学校に入ったばかりの頃から「国語が苦手」という子はほとんどいません。子どもの国語嫌いには節目があります。

塾に通っている子どもは、だいたい小学校4年生あたりで「できるか」「できないか」が分かれてきます。3年生から4年生の前半くらいまでは、問題文をただ読んでいれば、「なんとなく」で、だいたいの答えがわかります。本が好きな子であれば、学校でも塾でも国語のテストでそう困ることはないようです。

ところが**4年生になってくると、文章が読めるだけでなく、設問が何をどのレベルまで求めているかが判断できないと、答えが出せなくなってくる**のです。

それまでは、「何がありましたか」「その後、どうしましたか」「そのことについて、筆者は何と言っていますか」というように、問題文のどこかに書いてあることを聞かれる設問ばかりなのですが、4年生の夏くらいから、

「傍線部はどういうことか説明しなさい」

というような設問が本格的に出はじめます。問題文に書いてある内容をいったん頭の中で整理してから、自分で答えを作らなければいけない設問です。

「『なんとも言えず悲しい気分になった』とありますが、どういうことですか」と問われて、「えっ？　だから、悲しい気分になったんでしょう。他に何があるの？」というところで

止まってしまうのです。

国語の問題は、その文章を読んでいない人でも「ああ、なるほどね」と思えるようなことを答えていくのがルールです。この文章を読んでいない人に、ある人物が『悲しい気分になった』ときの状況がわかるように説明しなければいけません。

この例では、「登場人物に何があって、『悲しい気持ち』が生まれたのか」を説明できれば正解です。

結局、**国語の点数を上げる近道は、「問題が何を答えてほしがっているのか？」が読めるようになること**です。

国語のテストの答えは、文章を書いた人が決めるのではありませんから、文章を理解する以上に「設問が何を言いたいのか、何を聞きたいのか」を正確につかむ力が必要です。テスト用紙の上では、文章の筆者よりも、問題作成者のほうがえらいのです。

問題文の筆者のほうだけ向いて考えていたら、国語のテストでよい点数は取れません。

そして小学4年生という時期は、この「問題作成者∨文章の筆者」という関係が明らかになってくる時期なのです。文章を読んでいればそれでよかったという時期から、設問が何を求めているのか研究する必要がある時期に移り変わっていくときなのです。

設問の意図を正しく読み取るための学習法

では、「設問が何を聞いているのか」をつかめるようになるためには、どんな学習をすればよいのでしょうか。ここでは、その学習法をご紹介しましょう。

国語の問題集があったら、まず問題のページを開いて問題文をざっと読み、設問に目を通します。次に、**問題を解くよりも先に、巻末の模範解答例を読んでしまう**のです。

問題を解く前に答えのページを見てしまうなんて、ちょっと〝禁じ手〟のような気がして抵抗があるかもしれませんが、実際に効果的な方法です。

これを何度かやってみると、「こう聞かれている設問では、このように答えないと点につながらないんだ」「こういう聞かれかたの設問では、ここまで求められるんだ」ということがわかってきます。「答えの書きかた」のコツがつかめるのです。

例えば、

A「傍線部分に○○とありますが、どういうことですか。端的に述べなさい」

B「傍線部分に○○とありますが、どういうことですか。わかりやすく述べなさい」

Aは、問題文に書かれている内容をズバリ言い換えることが求められている設問。

Bは、問題文に書かれている具体的な内容をふまえたうえで、その文章を読んでいない人でも状況がわかるような説明を解答欄に合わせた分量で書くことが求められている設問です。

これは、一つひとつの設問をいくら眺めていても見えてきません。たくさんの問題と模範解答例を見比べることで、こんなふうにいくつかのパターンが見えてくるのです。こうして、設問にはっきりとは明言されていない「解答の条件」を知っていくことで、精度の高い解答を作ることができるようになります。

また、この方法で**設問と解答例を見たときに、「その解答が問題文のどのあたりを用いて考えられた答えになっているのか？」をチェックしていく学習法**もおすすめです。

この問題の答えは、第二段落の内容を使ってできている。では、なぜ第二段落を見なければいけないんだろう？――そういう疑問を持って確認していきます。

さらに、設問の聞きかたによっては、本文中の読むべき場所が決まっているパターンもあります。例えば、

「『筆者はどのように考えていますか』と聞いている設問では、問題文の最後あたりに書

かれている、まとめの部分をふまえた答えにすればいいんだな」

というようなことがわかってきます。そういう感覚をつかんでいくことで、メリハリをつけた読解も身についていきます。

とくに国語に苦手意識のある子の場合、問題にがむしゃらに取り組むばかりでは、テストの点は決して上がりません。どうアドバイスしていいかわからない親御さんは、**問題集の設問と解答例を何度も見比べて「国語の問題の作られかた」というものを知って、それを教えてあげる**とよいと思います。

また、中学受験を考えている子の場合は、志望校の過去問から出題傾向をつかむという意味でも、このような設問の研究は必須でしょう。

記述問題で知っておきたい「内容語」と「組み立て語」

問題集の模範解答例を使った学習法を、もう一つご紹介しましょう。

ある問題の解答例として、次のような文が載っていたとします。

《生産性を上げるために、機械化を進め化学肥料・農薬をたくさん使う方法を選択したこ

とや、連作をおこなってきたことが、土のバランスを壊してしまったから。》

この一文のうち、「生産性を上げる」とか「農薬をたくさん使う方法を選択した」とか、このあたりはおそらく問題文の中に書いてあることですね。後半部分も、「連作」や「土のバランス」といったキーワードは問題文の中に出てきているものでしょう。

しかし記述が苦手な子は、実はこういう「内容語」をつかむことで苦労しているのではありません。よく観察してみると、**「○○するために」とか「○○したことや」という、語と語をつなぐ部分で手こずってしまう**のです。

問題文の中に出てきているキーワードの、どれとどれを抜き出して使えばいいのかまではわかっても、それらを上手に組み合わせてつないで意味の通った文章にするということができないのですね。

文章は、具体的なものごとを表す「内容語」と、それらをつないで意味を付加しながら文を構築していく「組み立て語」とに分けられます。

そうです、**記述が苦手な子が学習すべきは「組み立て語」の部分**なのです。

「組み立て語」の使いこなしかたが身についていない子の書く答えは、「○○して、××して、△△したから。」や、「○○や、××や、△△だから。」というような、キーワードを

【解答例】

生産性を上げるためのに、機械化を進め化学肥料・農薬をたくさん使う方法を選択したことや、連作をおこなってきたことが、土のバランスを壊してしまったから。

←「組み立て語」の部分だけにマーカーで線を引く！

ただ単に列挙するだけに終始する文になってしまいがちです。

また、「○○したから」と「○○してしまったから」とではニュアンスが違ってきますが、そういった表現の違いの使い分けも適切にできません。

「組み立て語」の使いこなしかたを身につける方法としては、**模範解答例と問題文を照らし合わせながら、問題文の中にそのまま表現がある部分を探していき、それ以外のつなぎの部分にマーカーなどで線を引いていく方法**がおすすめです。

つまり、「内容語」ではなく、「組み立て語」のほうに線を引くのです。

それを最初にお母さんやお父さんがやってあげると、子どもはとても勉強しやすくなります。まず、文を構成する「内容語」と「組み立て語」の存在を意識する。そして、「組み立て語」にはどんなものがあるのかを知る。さらに、それぞれの「組み立て語」のニュアンスにも注意を払いながら、たくさんの解答例を見て勉強していくといいですね。

また、それでも記述を苦手にしている場合には、勉強を見てあげながら「口でいいから言ってごらん」と仕向けてあげてみてください。

「きれいにまとめた答えじゃなくていいよ。この設問を読んで、頭に浮かんだことを言ってみて」

先ほどの例ならば、「え〜と……。生産性を上げるように機械化して、化学肥料とか農薬をたくさん使って、連作をして、土のバランスが壊れた」――などと言ったりするでしょうか。でも、これを文章に書けといわれると、頭の中で考えるだけでは言葉同士の関係性が見えませんから、つなぎかたもわからずに、考えがぐちゃぐちゃになって手が止まってしまうのです。

そこで、口で言わせたものを親がサラサラッと紙に書き取って、まず「下書き」を作ってあげましょう。そして、「いま言ったことを、まとまった文にできるかな?」と、子どもがすでにある文を手直ししていけばいいように、階段を作ってあげるわけですね。

問題の答えが○か×かだけでなく、答えを生み出す過程に注目した指導も必要です。

必ず押さえておきたい「要約」のルール

「国語力を上げる勉強法として、要約の練習をたくさんさせましょう」ということが言われます。実際にそういうことをおっしゃる学校の先生、塾の先生は多いのですが、まず「要約のしかた」というものを教えておかないと、決してうまくいきません。

要約とは、何をまとめることを言うのか、子どもたちの多くはあまり理解できていません。ぼんやりと、「行数を減らすのが要約」と思っているケースは、子どもに限らず大人でも多いような気がします。

一般的に要約といえば、**文章の骨格の部分だけを抜き出すこと、つまり「いま扱われている話題が何で、それに対して筆者はどういう結論を導いたか」をコンパクトに伝えることです。**さらに、文字数に余裕があれば、**こういう理由でその結論になった**という部分も入れてあげる。これが要約です。

まず、このルールを知っておくことが大前提ですね。

ちなみに、説明文の読解でも、文章の骨格をつかむことがとても重要になります。骨格をつかむというのは、「何がどこに書いてあるかをつかむ」ということです。**「話題」と「結論」と「理由」にあたる部分はどこかを探して読んでいく**のです。

さて、先ほどのルールをふまえたうえで、実際に要約をするときには、与えられた文章の中で「話題」「結論」「理由」にあたるところを探し、線で印をつけていくやりかたがいいでしょう。

このとき、線はできるだけ短く引くことがポイントになります。「ここまで、いや、もっとかも……」なんてだらだらと引いてしまうと、結局、文章の大半に線を引いたような状態になりかねません。

「話題」であれば、単語の一節だけというようにごく短い表現に限定して、「何について話しているのか」がわかるところだけに絞って線を引くようにします。つまり、その文章のキーワードとなる「内容語」を探し出し、その取捨選択をおこなっていくのですね。「結論」に関しても同じです。

あとは、「組み立て語」を使って、線を引いた内容語をつなぎ合わせながら意味の通る文に整えていけばＯＫです。

要約の文章の中に「理由」の部分を入れる場合も、まずは「結論」が何であるかを押さえたうえで、そこにあとから言葉を足していくようにします。

こういったルールを知って要約の練習をすることは国語力の底上げに役に立つと思いますが、ただ単に「行数を減らす」ことしか意識せずに要約の練習を重ねるとしたら、それはあまり意味がありません。

この要約のルールを学校で明確に教えてくれることは少ないようです。とくに中学生、高校生くらいになると要約の課題を課されることが多くなりますが、それに取り組ませる前に、要約のルールとやりかたをしっかり教えてあげていただきたいと思います。

勉強のときも親の「声かけ」が必要?

この本では、おもに生活の中での「声かけ」の方法をアドバイスしてきましたが、勉強のときにもぜひ、「声かけ」をおこなってあげてほしいと思います。

国語指導法としての「声かけ」のテクニックについては、私の前著『㊙SS－1メソッドで国語の点数を一気に上げる!』(ごま書房新社刊)に詳しくまとめてありますので、そちらも参考にしていただければ幸いです。

いま、**子どもが国語の点数が満足に取れていないのであれば、それは「声かけ」での助けが必要な状態**だということです。

できない状態で、本人にいくら「がんばれ、やればできる！」と言っても、遠回りをさせるだけの可能性が高いでしょう。国語を苦手としているのなら、家庭での勉強のときには、できるだけお母さんやお父さんがついていてあげてください。

子どもに一人立ちしてほしいということを勘違いして、「勉強でも何でも、親が面倒を見て甘やかすのはよくないはず。できるだけ自分の力でできるように、一人でがんばらせています」とおっしゃる保護者の方がいらっしゃいますが、自信のついていない子に自立しろというのは無理な要求です。

子どもが自立するためには、まず「自分でできる」という自信が必要です。できていないことを無理やりやらせ続けて、一人でがんばれ、自立しろと言っても、自立はかえって遠のくだけです。

まずは、**子どもが自力で読んで答えにたどり着けたという状態にまで導いてあげることが大事**なのです。

どう読み進めばいいのかもわからない子に、「練習すればできるようになるから、がんばりなさい」と問題演習を山のように課したところで、効果はありません。

ある程度自分で読むことはできるようになったけれども、問題を解くことがまだうまくいかないという子の場合は、途中からかかわっていきます。問題文を読むところまでは一人でさせておいて、「そろそろ読めた？　じゃあ、1問目から見てみようか」というところから入ってあげればいいでしょう。

自分でスムーズに問題を解くことができる子なら、親がつきっきりになる必要はありません。解き終わったところで様子を見て、答え合わせと間違えた問題のチェックを手伝ってあげればいいのです。

「できる！」という言葉が出るまで声かけを

ここで、本質的な質問をします。

国語の問題で「間違う」ということは、どういうことでしょうか？　――**「文章を読む」「設問を読む」そして「自分なりに考えて答えを出す」、そのいずれかの段階において、ずれた思い込みをしてしまう**ことですよね。

ですから、すでにいい点数が取れている子を除けば、外からかかわってあげて、本人自身の、間違いにつながる思い込みを修正してあげなければいけません。つまり、「声かけ」などで一緒に勉強に取り組んであげることで、客観的にものごとが見られる状態に引っ張り上げてやる必要があるのです。

親から見て「大丈夫なのかしら?」と少し不安に思うような段階であれば、「声かけ」のテクニックや、この章で紹介した学習法を活用しながら、子どもの勉強をしっかり見てあげるべきだと思います。

そのときに、問題の解きかたが本当に身についたかどうかの判断材料となるのが、子どもの「できる」という言葉です。

「あっ、自分でできそう」

「わかった。できる、できる」

このように、「わかった」で止まらずに、「できる」という言葉が出てくるまで手伝ってあげましょう。これが一つの目安になります。

親が解説している間で、「わかった」という言葉しか出ないうちは、まだ理解に至っていません。大人もそうですが、相手から「わかった?」と問われたとき、それに対して単なる相槌《あいづち》として「わかった」と返してしまうだけのことも多いですからね。

子どもの口から「できる!」という言葉が出た段階で、「じゃあ、今度は自分一人だけでできるか、別の問題をやってごらんよ」と先に進めてあげるのです。そこでちゃんとできていれば、確実にものになったということですね。

繰り返しますが、国語は「感性」だけで解いていく科目ではありません。

読みかた、解きかた、書きかたのテクニックや法則というものを知ることで、国語の点数は必ず上がります。

「国語が嫌い」という子どもと、「国語をどう教えていいのかわからない」というお母さんやお父さんには、本書で紹介してきた「声かけ」の手法や学習法の工夫を活用して、ぜひとも「できる！」の段階へと歩を進めていただきたいと思います。

あとがき

国語という科目の指導に携わるようになって、20年近くになります。

正直なところ、学生時代のアルバイトとして塾講師をはじめた頃は、ここまで続けることになるとは思ってもみませんでした。この本を書きながら、「どうしてここまで続けてきたのかなあ?」と思い起こしてみたのですが、どうやら「自分は国語を教えることが得意だ」という気持ちが、そうさせたようです。

もっとも、教えはじめたばかりのころは、それほど自信があったわけではありません。自分自身、大学に入学するまで、国語の勉強で苦労することはほとんどありませんでしたから、国語を苦手にしている人のことがよくわからなかったのです。

国語の問題を見て、答えが何なのかはすぐにわかる。また、自分なりに答えの出しかたを説明することもできる。でも、実際に教壇に立つと、自分なりの答えの出しかたでは理解してくれない生徒が存在するのです。

問題を解くとき、「○○と書いてあるのだから、〝当然〟傍線のうしろに注目していけばいいわけだな」と、自分にとっては「当然」と思える判断が、国語を苦手にしている子どもにとっては「どうして？」となるわけです。

正直なところ、教えるこちらも、「どうして、わからないんだ⁉」と思ってしまうことだってありました。これは、ご自身が国語にあまり苦労した経験がないお母さん、お父さんが、お子さんの勉強を見ているときの気分に近いものではないかと思います。

しかし、アルバイトとはいえプロの気概を持って仕事をしていた自分としては、わからない子がいるままにしておくわけにもいきませんでした。

国語というものについて、独自の研究を開始したのです。

何をしたかというと、自分自身が国語の問題を解いているときに、目はどこを見ていて、頭の中ではどんなことを考えていて、手はどう動かして、それは文章のどの表現を見てどんな判断をしたからそうしているのか……といったことをつぶさに分析したのです。自分の頭の働きを〝解剖〟するようなイメージですね。

それこそ、一つの文を読む間に、目がどのように行き来するのかといったことも観察しましたし、頭の中では、いま見ている言葉とは別の言葉が、予測や二元思考によってパッと浮かんでいるものだということも、徐々に発見していきました。

自分自身の思考の解体がある程度完了したら、次は生徒一人ひとりがどのような思考プロセスをとっているのか、目の動きはどうか、感覚的なクセにはどのようなものがあるのかを観察していきました。

頭の中を一方的に決めつけてもうまくいくはずがありませんから、タイミングを見計らいながら問いかけを重ねることで、生徒の心の動きを探っていきました。

そうして2年ほど経った頃、「生徒がいま『何がわかっていないのか』がわかる」ようになっていました。

集団塾での指導を卒業し、個別指導教室SS－1を主宰するようになってからは、生徒の心の中、頭の中をもっと理解したいという思いが高まり、問いかけのバリエーションがどんどん増え、その精度が飛躍的に高まっていきました。

さらには、心理学者の堀之内高久先生との出会いによって、経験にもとづいて作り上げてきた「声かけ」のメソッドが、心理学的知見を得ることでさらに効果的で説得力のあるものへと発展してきました。

本書には、このようにして磨き上げてきた、私自身の19年間にわたる講師経験と、10年間のSS－1指導実践から得られた手法が盛り込まれています。

できるだけ多くのことをお伝えしたいという気持ちから、ややまとまりのない内容となってしまったきらいもありますが、いずれの章もいずれの項も、子どもの国語力や学力を伸ばしたいと思われているお母さんやお父さんにとって、効果的に役立てていただける内容であると思っています。

この本を執筆するにあたっては、編集者の五十嵐有希さんの多大な尽力がありました。国語についてお伝えしていきたいことは数多く持ってはいるものの、SS－1の日々の運営に忙殺されてなかなか原稿をまとめることができない私を、励まし、援助し、ここに一冊の本として形となるまで導いてくださいました。五十嵐さんなくしてこの本は誕生していませんでした。本当に感謝しています。

また、妻の菜穂美にも感謝しています。多忙を極める日々を陰日向なく支えてくれている彼女の存在なくして執筆は完了できませんでした。

そして息子の璃久《りく》にも、「ありがとう」を言わせてください。私たち夫婦が彼を授かり、彼の成長を見守ることができたことで、「生活の中で磨き上げる国語力」というテーマにどっしりとした軸が通ったような気がしています。

本書で紹介した生活上の工夫はまた、わが家で実践中のことでもあります。子どもの笑顔とともに、その効果を確認している最中です。

そして実は、私自身が父母に育てられる中で、まさにこの本に書いた数々の「声かけ」を受けてきたのです。私の国語力を伸ばしてくれたのは、父の満則であり、母の恵津子でした。自分自身が育まれ、さらに、自らも多くの子どもたちを導いてきた経験から、この「声かけメソッド」を、自信と確信を持ってお伝えすることができます。

子どもが知的好奇心を刺激され、思いどおりの表現ができたときの、あの満たされた笑顔。この本を手にとってくださったみなさんに、そんなお子さんの笑顔に心弾ませる日々が続くことを願っています。

おかげさまで中学受験専門個別指導教室SS－1も、2000年に創立してから10年が経ちました。東京の教室も、関西の教室も、多くの方々からご支持をいただき、発問応答メソッドを身につけた講師陣が、日々会員のみなさまと面談を重ねながら、一対一の指導を紡ぎ上げています。

いずれの教室も早々に指導枠が埋まってしまうことが多く、残念ながら現状では、入会をご希望くださるみなさま全員をお受けできる状態にありません。しかし、そんなときも、せめて学習カウンセリングだけでも実施させていただき、いまお悩みの学習状況を解決していく指針をご提示できるようにしています。

首都圏の方、関西の方は、お子さんの学習でお困りのことがございましたら、どうぞお気軽にＳＳ－１各教室にご相談ください（http://www.ss-1.net）。

また、それ以外の地域の方は、私が主任相談員を務めております「中学受験情報局『かしこい塾の使い方』」をご活用ください（http://www.e-juken.jp）。全国から寄せられる学習のお悩みに、プロの講師がアドバイスをさせていただいております。

学習には方法があり、子どもの意欲を引き出すにも方法があります。その方法を生かすのも生かさないのも、子どもと親御さん自身とのかかわりかた次第。本書との出会いが、お子さんの国語力と学力を伸ばすきっかけに、そしてお母さん、お父さんの親としてのスタンスを改めて見つめ直す契機になれば、著者として本望です。

最後までお読みくださり、本当にありがとうございました。

２０１０年３月　小川大介

小川大介

（おがわ・だいすけ）

中学受験専門のプロ個別指導教室「SS-1」代表
中学受験情報局「かしこい塾の使い方」主任相談員

1973年生まれ。京都大学法学部卒業。
在学中より大学受験予備校、大手進学塾で受験国語の指導を開始する。国語を苦手とする子どもたちから圧倒的な支持を集め、難関中学、国立大学医学部などへ多数の合格者を送り出す。現在は、「生徒一人を徹底的に伸ばす指導」というコンセプトのもと設立された中学受験専門個別指導教室「SS-1（エスエスワン）」を代表として率いる。

■中学受験個別指導教室「SS-1」

社会人プロ講師が、マンツーマンで徹底的に指導するスタイルが成果を上げ、大手進学塾に通う子どもたちの成績を劇的に向上させている。大手進学塾での成績が上がる確率は、1か月以内に89.9%、3か月以内に96.4%。小学6年生の94%を第一志望校に合格させている。コーチングの技術や心理療法的なアプローチを取り入れた独自の指導方法と、設問の構造分析から得点に直結させる読解法とによって、国語、算数、理科、社会いずれの科目も確実に伸ばすノウハウを確立している。

中学受験専門個別指導教室「SS-1」 http://www.ss-1.net
中学受験情報局「かしこい塾の使い方」 http://www.e-juken.jp

STAFF

ブックデザイン／佐藤香奈（mink's）
本文イラスト／梶原由加利
編集／五十嵐有希
編集協力／小山睦男（インプルーブ）、田中彩乃

驚くほど国語力が伸びる！ 学力が上がる！
小川式「声かけ」メソッド
（おどろくほどこくごりょくがのびる！ がくりょくがあがる！
おがわしき「こえかけ」めそっど）

2010年4月2日　第1刷発行

著　者　小川大介
発行人　蓮見清一
発行所　株式会社 宝島社
〒102-8388　東京都千代田区一番町25番地
電話：（営業）03-3234-4621　（編集）03-3239-5746
http://tkj.jp
郵便振替：00170-1-170829（株）宝島社

印刷・製本　中央精版印刷株式会社

ISBN978-4-7966-7514-7